机动车驾驶人

道路交通安全法规与相关知识 培训教材（修订本）

张丰光　编

北京燕山出版社
BEIJING YANSHAN PRESS

图书在版编目（CIP）数据

机动车驾驶人道路交通安全法规与相关知识培训教材/
张丰光编. -- 修订本. -- 北京 ： 北京燕山出版社,
2015.5（2021.10重印）
  ISBN 978-7-5402-3789-9

  Ⅰ. ①机… Ⅱ. ①张… Ⅲ. ①机动车－驾驶员－技术
培训－教材 Ⅳ. ①U471.3

中国版本图书馆CIP数据核字(2015)第081492号

书　　名：机动车驾驶人道路交通安全法规与相关知识培训教材（修订本）
编　　者：张丰光
责任编辑：金贝伦
出版发行：北京燕山出版社
社　　址：北京市丰台区东铁匠营苇子坑138号嘉城商务中心C座
邮　　编：100079
电　　话：010-65243837
经　　销：新华书店
印　　刷：汇昌印刷（天津）有限公司
开　　本：787毫米×1092毫米　1/16
字　　数：200千字
印　　张：12印张
版　　次：2017年5月第3版
印　　次：2021年10月第6次印刷
定　　价：50.00元

前　言

随着社会的发展，人们生活水平的提高，生活在这个世界的人们越来越感到幸福，而安全是我们幸福的前提和基础，也是社会稳定和发展的保障。预防道路交通事故，保障交通安全，确保出行平安，遵守法规，倡导交通文明，创建和谐的交通环境，是每个公民、每个单位、每个团体共同的责任和义务。

为进一步加强道路交通安全法规的宣传教育，提高道路交通参与者的安全意识，形成全社会都来关心、重视道路交通安全的良好氛围，我们编写了《机动车驾驶人道路交通安全法规与相关知识》。本书以与道路交通安全有关的法律、法规、安全常识为主要内容，共分九章，包括驾驶证与机动车管理、交通信号、道路通行规定、道路交通事故处理、法律责任、机动车基本常识与养护、文明驾驶、安全行车、紧急情况处置。全书内容全面、权威、规范、严谨，逻辑性强，条理清晰且图文并茂，既是驾驶人培训的专业教材，又可作为驾驶人自学的重要读本和工具书。

希望您在学习这本书的过程中能够深刻领会，并在参与交通的过程中严格遵守道路交通安全法规，文明行车，安全驾驶。

祝平安永远与您相伴，幸福永远与您相随。

目 录

第一章 驾驶证与机动车管理

我国对驾驶机动车上路行驶实行严格的管理制度，要求驾驶机动车必须具备一定的许可条件，取得驾驶许可后方可上路，《道路交通安全法》明确地对机动车和机动车驾驶人上路做出了具体规定，要求驾驶人驾驶机动车上道路时，应当对机动车的安全技术状况进行认真检查，并携带驾驶证、行驶证、机动车强制保险标志，依法、安全、文明驾驶。

第一节 驾驶证的申领

驾驶机动车应当依法取得机动车驾驶证：

 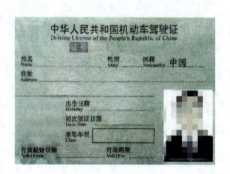

机动车驾驶证上记载和签注有以下内容：

（1）机动车驾驶人信息：姓名、性别、出生日期、国籍、住址、身份证明号码（机动车驾驶证号码）、照片。

（2）车辆管理所签注内容：初次领证日期、准驾车型代号、有效期限、核发机关印章、档案编号。

2021年6月1日起，试点机动车驾驶证电子化，在天津、成都、苏州3个城市试点发放机动车电子驾驶证，驾驶人可通过"交管12123"申领电子驾驶证，在办理交管业务、接受执法检查时出示使用，并拓展客货运输、汽车租赁、保险购置等社会应用场景，为驾驶人提供在线"亮证""亮码"服务，更好便利群众办事出行。

电子驾驶证式样全国统一，与纸质的驾驶证具有同等的法律效力。 2021年9月1日起，北京等28个城市推行机动车驾驶证电子化。2022年全国全面推广。

电子驾驶证样证（正页）　电子驾驶证样证（副页）

一、准予驾驶的车型

准驾车型及代号

准驾车型	代号	准驾的车辆	准予驾驶的其他准驾车型
大型客车	A1	大型载客汽车	A3、B1、B2、C1、C2、C3、C4、M
牵引车	A2	重型、中型全挂、半挂汽车列车	B1、B2、C1、C2、C3、C4、M
城市公交车	A3	核载10人以上的城市公共汽车	C1、C2、C3、C4
中型客车	B1	中型载客汽车（含核载10人以上、19人以下的城市公共汽车）	C1、C2、C3、C4、M
大型货车	B2	重型、中型载货汽车；大型、重型、中型专项作业车	C1、C2、C3、C4、M
小型汽车	C1	小型、微型载客汽车以及轻型、微型载货汽车；轻型、小型、微型专项作业车	C2、C3、C4
小型自动挡汽车	C2	小型、微型自动挡载客汽车以及轻型、微型自动挡载货汽车	
低速载货汽车	C3	低速载货汽车	C4
三轮汽车	C4	三轮汽车	
残疾人专用小型自动挡载客汽车	C5	残疾人专用小型、微型自动挡载客汽车（只允许右下肢或者双下肢残疾人驾驶）	
普通三轮摩托车	D	发动机排量大于50ml或者最大设计车速大于50km/h的三轮摩托车	E、F
普通二轮摩托车	E	发动机排量大于50ml或者最大设计车速大于50km/h的二轮摩托车	F
轻便摩托车	F	发动机排量小于50ml或者最大设计车速小于等于50km/h的二轮摩托车	
轮式自行机械车	M	轮式自行机械车	
无轨电车	N	无轨电车	
有轨电车	P	有轨电车	

二、驾驶证申请条件

（一）年龄条件

1. 申请小型汽车、小型自动挡汽车、轻便摩托车准驾车型的，在18周岁以上，年龄无上限。残疾人专用小型自动挡载客汽车，18周岁以上，70周岁以下；

为保证身体条件符合安全驾驶要求，对70周岁以上人员考领驾驶证的，在考领驾驶证报名时增加记忆力、判断力、反应力等能力测试。测试的形式通过机动车驾驶理论考试系统，测试的内容和题目由部局统一提供，每次测试由系统随机抽取20道题，包括10道选择题和10道判断题，测试时间为20分钟。能力测试满分为100分，成绩达到90分的为合格。测试通过的受理报名，未通过的可以在三个月内补测两次，测试成绩三个月内报名有效；

2. 申请低速载货汽车、三轮汽车、普通三轮摩托车、普通二轮摩托车或者轮式自行机械车准驾车型的，在18周岁以上，60周岁以下；

3. 申请城市公交车，大型货车，在20周岁以上60周岁以下；

4. 申请中型客车准驾车型的，在20周岁以上，60周岁以下；

5. 申请牵引车准驾车型的，在22周岁以上，60周岁以下；

6. 申请大型客车准驾车型的，在22周岁以上，60周岁以下。

（二）身体条件

1. 身高：申请大型客车、牵引车、城市公交车、大型货车、无轨电车准驾车型的，身高为 155 厘米以上。申请中型客车准驾车型的，身高为 150 厘米以上；

2. 视力：申请大型客车、牵引车、城市公交车、中型客车、大型货车、无轨电车或者有轨电车准驾车型的，两眼裸视力或者矫正视力达到对数视力表 5.0 以上。申请其他准驾车型的，两眼裸视力或者矫正视力达到对数视力表 4.9 以上；单眼视力障碍，优眼裸视力或者矫正视力达到对数视力表 5.0 以上，且水平视野达到 150 度的，可以申请小型汽车、小型自动挡汽车、低速载货汽车、三轮汽车、残疾人专用小型自动挡载客汽车准驾车型的机动车驾驶证；

3. 辨色力：无红绿色盲；

4. 听力：两耳分别距音叉 50 厘米能辨别声源方向。有听力障碍但佩戴助听设备能够达到以上条件的，可以申请小型汽车、小型自动挡汽车准驾车型的机动车驾驶证；

5. 上肢：双手拇指健全，每只手其他手指必须有三指健全，肢体和手指运动功能正常，但手指末节残缺或者左手有三指健全，且双手手掌完整的，可以申请小型汽车、小型自动挡汽车、低速载货汽车、三轮汽车准驾车型的机动车驾驶证；

6. 下肢：双下肢健全且运动功能正常，不等长度不得大于 5 厘米。但左下肢缺失或者丧失运动功能的，可以申请小型自动挡汽车准驾车型的机动车驾驶证。

7. 躯干、颈部：无运动功能障碍。

8. 右下肢、双下肢缺失或者丧失运动功能但能够自主坐立，且上肢符合本项第 5 目规定的，可以申请残疾人专用小型自动挡载客汽车准驾车型的机动车驾驶证。一只手掌缺失，另一只手拇指健全，其他手指有两指健全，上肢和手指运动功能正常，且下肢符合本项第 6 目规定的，可以申请残疾人专用小型自动挡载客汽车准驾车型的机动车驾驶证。

（三）禁止申请条件

1. 有器质性心脏病、癫痫病、美尼尔氏症、眩晕症、癔病、震颤麻痹、精神病、痴呆以及影响肢体活动的神经系统疾病等妨碍安全驾驶疾病的；

2. 三年内有吸食、注射毒品行为或者解除强制隔离戒毒措施未满三年，或者长期服用依赖性精神药品成瘾尚未戒除的；

3. 造成交通事故后逃逸构成犯罪的；

4. 饮酒后或者醉酒驾驶机动车发生重大交通事故构成犯罪的；

5. 醉酒驾驶机动车或者饮酒后驾驶营运机动车依法被吊销机动车驾驶证未满五年的；

6. 醉酒驾驶营运机动车依法被吊销机动车驾驶证未满十年的；

7. 因其他情形依法被吊销机动车驾驶证未满两年的；

8. 驾驶许可依法被撤销未满三年的；

9. 法律、行政法规规定的其他情形，未取得机动车驾驶证驾驶机动车，有第一款第五项至第七项行为之一的，在规定期限内不得申请机动车驾驶证。

（四）初次申请准驾车型

初次申领机动车驾驶证的，可以申请准驾车型为城市公交车、大型货车、小型汽车、小型自动挡汽车、低速载货汽车、三轮汽车、残疾人专用小型自动挡载客汽车、普通三轮摩托车、普通二轮摩托车、轻便摩托车、轮式自行机械车、无轨电车、有轨电车的机动车驾驶证。

（五）增加准驾车型

已持有机动车驾驶证，申请增加准驾车型的，应当在本记分周期和申请前最近一个记分周期内没有记满12分记录。申请增加中型客车、牵引车、大型客车准驾车型的，还应当符合下列规定：

1. 申请增加中型客车准驾车型的，已取得驾驶城市公交车、大型货车、小型汽车、小型自动挡汽车准驾车型资格为二年以上，并在申请前最近连续二个记分周期内没有记满12分记录；

2. 申请增加牵引车准驾车型的，已取得驾驶中型客车或者大型货车准驾车型资格为二年以上，或者取得驾驶大型客车准驾车型资格一年以上，并在申请前最近连续二个记分周期内没有记满12分记录；

3. 申请增加大型客车准驾车型的，已取得驾驶城市公交车、中型客车准驾车型二年以上，已取得驾驶大型货车准驾车型三年以上，或者取得驾驶牵引车准驾车型资格一年以上，并在申请前最近连续三个记分周期内没有记满12分记录。

正在接受全日制驾驶职业教育的学生，已在校取得驾驶小型汽车准驾车型资格，并在本记分周期和申请前最近一个记分周期内没有记满12分记录的，可以申请增加大型客车、牵引车准驾车型。

（六）禁止增加准驾车型

有下列情形之一的，不得申请大型客车、牵引车、城市公交车、中型客车、大型货车准驾车型：

1. 发生交通事故造成人员死亡，承担同等以上责任的；

2. 醉酒后驾驶机动车的；

3. 被吊销或者撤销机动车驾驶证未满十年的。

三、取得驾驶证

在经过专门培训后，车辆管理所要对学员进行三个科目的考试。考试内容分为道路交通安全法律、法规和相关知识考试科目（以下简称"科目一"）、场地驾驶技能考试科目（以下简称"科目二"）、道路驾驶技能和安全文明驾驶常识考试科目（以下简称"科目三"）。

考试科目	考试内容
科目一	道路通行、交通信号、交通安全违法行为和交通事故处理、机动车驾驶证申领和使用、机动车登记等规定以及其他道路交通安全法律、法规和规章。
科目二	（一）小型汽车、残疾人专用小型自动挡载客汽车和低速载货汽车考试包括：倒车入库、坡道定点停车和起步、侧方停车、曲线行驶、直角转弯。小型自动挡汽车取消坡道定点停车和起步内容。 （二）大型客车、牵引车、城市公交车、中型客车、大型货车考试桩考、坡道定点停车和起步、侧方停车、通过单边桥、曲线行驶、直角转弯、通过限宽门、通过连续障碍、起伏路行驶、窄路掉头，以及模拟高速公路、连续急弯山区路、隧道、雨（雾）天、湿滑路、紧急情况处置； （三）三轮汽车、普通三轮摩托车、普通二轮摩托车和轻便摩托车考试桩考、坡道定点停车和起步、通过单边桥； （四）轮式自行机械车、无轨电车、有轨电车的考试内容由省级公安机关交通管理部门确定。
科目三	（一）道路驾驶技能考试内容包括：大型客车、牵引车、城市公交车、中型客车、大型货车、小型汽车、小型自动挡汽车、低速载货汽车和残疾人专用小型自动挡载客汽车考试上车准备、起步、直线行驶、加减挡位操作、变更车道、靠边停车、直行通过路口、路口左转弯、路口右转弯、通过人行横道线、通过学校区域、通过公共汽车站、会车、超车、掉头、夜间行驶；其他准驾车型的考试内容，由省级公安机关交通管理部门确定。 大型客车、中型客车考试里程不少于20公里，其中白天考试里程不少于10公里，夜间考试里程不少于5公里。牵引车、城市公交车、大型货车考试里程不少于10公里，其中白天考试里程不少于5公里，夜间考试里程不少于3公里。小型汽车、小型自动挡汽车、低速载货汽车、残疾人专用小型自动挡载客汽车考试里程不少于3公里，并抽取不少于20%进行夜间考试；不进行夜间考试的，应当进行模拟夜间灯光使用考试。 对大型客车、牵引车、城市公交车、中型客车、大型货车，省级公安机关交通管理部门应当根据实际增加山区、隧道、陡坡等复杂道路驾驶考试内容。 对其他汽车准驾车型，省级公安机关交通管理部门可以根据实际增加考试内容。 （二）科目三安全文明驾驶常识考试内容包括：安全文明驾驶操作要求、恶劣气象和复杂道路条件下的安全驾驶知识、爆胎等紧急情况下的临危处置方法以及发生交通事故后的处置知识等。

各科目考试的合格标准为：

1．科目一考试满分为 100 分，成绩达到 90 分的为合格；

2．科目二考试满分为 100 分，考试大型客车、牵引车、城市公交车、中型客车、大型货车准驾车型的，成绩达到 90 分的为合格，其他准驾车型的成绩达到 80 分的为合格；

3．科目三道路驾驶技能和安全文明驾驶常识考试满分分别为 100 分，成绩分别达到 90 分的为合格。

4．小型自动挡汽车科目二考试取消"坡道定点停车和起步"项目，考试由 5 项减少为 4 项。

考试要求：

车辆管理所应当按照预约的考场和时间安排考试。申请人科目一考试合格后，可以预约科目二或者科目三道路驾驶技能考试。有条件的地方，申请人可以同时预约科目二、科目三道路驾驶技能考试，预约成功后可以连续进行考试。科目二、科目三道路驾驶技能考试均合格后，申请人可以当日参加科目三安全文明驾驶常识考试。

初次申请机动车驾驶证或者申请增加准驾车型的，科目一考试合格后，车辆管理所应当在 1 日内核发学习驾驶证明（如图：）

纸质学习驾驶证明　　　　　　　　　　　　电子学习驾驶证明

属于自学直考的，车辆管理所还应当按规定发放学车专用标识。

申请人在场地和道路上学习驾驶，应当按规定取得学习驾驶证明。学习驾驶证明的有效期为3年，申请人应当在有效期内完成科目二和科目三考试。未在有效期内完成考试的，已考试合格的科目成绩作废。

学习驾驶证明可以采用纸质或者电子形式，纸质学习驾驶证明和电子学习驾驶证明具有同等效力。申请人可以通过互联网交通安全综合服务管理平台打印或者下载学习驾驶证明。

申请人在道路上学习驾驶，应当随身携带学习驾驶证明，使用教练车或者学车专用标识签注的自学用车，在教练员或者学车专用标识签注的指导人员随车指导下，按照公安机关交通管理部门指定的路线、时间进行。

申请人为自学直考人员的，在道路上学习驾驶时，应当在自学用车上按规定放置、粘贴学车专用标识，自学用车不得搭载随车指导人员以外的其他人员。

初次申请机动车驾驶证或者申请增加准驾车型的，申请人预约考试科目二，应当符合下列规定：

(一)报考小型汽车、小型自动挡汽车、低速载货汽车、三轮汽车、残疾人专用小型自动挡载客汽车、轮式自行机械车、无轨电车、有轨电车准驾车型的，在取得学习驾驶证明满10日后预约考试；

(二)报考大型客车、牵引车、城市公交车、中型客车、大型货车准驾车型的，在取得学习驾驶证明满20日后预约考试。

初次申请机动车驾驶证或者申请增加准驾车型的，申请人预约考试科目三，应当符合下列规定：

(一)报考低速载货汽车、三轮汽车、轮式自行机械车、无轨电车、有轨电车准驾车型的，在取得学习驾驶证明满20日后预约考试；

(二)报考小型自动挡汽车、残疾人专用小型自动挡载客汽车准驾车型的，在取得学习驾驶证明满20日预约考试，报考小型汽车准驾车型的，在取得学习驾驶证明满30日预约考试。

(三)报考大型客车、牵引车、城市公交车、中型客车、大型货车准驾车型的，在取得学习驾驶证明满30日后预约考试。

申请人因故不能按照预约时间参加考试的，应当提前1日申请取消预约。对申请人未按照预约考试时间参加考试的，判定该次考试不合格。

每个科目考试1次，考试不合格的，可以补考1次。不参加补考或者补考仍不合格的，本次考试终止，申请人应当重新预约考试，但科目二、科目三考试应当在10日后预约。科目三安全文明驾驶常识考试不合格的，已通过的道路驾驶技能考试成绩有效。

在学习驾驶证明有效期内，科目二和科目三道路驾驶技能考试预约考试的次数不得超过5次。第5次预约考试仍不合格的，已考试合格的其他科目成绩作废。

每个科目的考试成绩单应当有申请人和考试员的签名。未签名的不得核发机动车驾驶证。经过上述考试全部合格后，车辆管理所将按规定核发相应准驾车型的驾驶证。

1. 推行摩托车驾驶证全国"一证通考"

在实现小型汽车驾驶证"全国通考"的基础上，推行摩托车驾驶证全国"一证通考"，申请人可以凭居民身份证在全国范围内任一地申领摩托车驾驶证，无需再提交居住证或者居住登记凭证。

2. 实行小型汽车驾驶证异地分科目考试

申请人申领小型汽车驾驶证期间已通过部分科目考试后，因工作、学习、生活等需要居住地发生变更的，可以在全国范围内申请变更一次考试地。申请人可以持本人身份证件至现居住地车辆管理所申请继续参加其他科目考试，已通过的科目考试成绩继续有效。对申请小型汽车异地分科目考试的，申请变更考试地的次数不超过3次。

第二节　驾驶证的使用

一、驾驶证的有效期

驾驶证有效期分为六年、十年和长期有效。

机动车驾驶人在机动车驾驶证的六年有效期内，每个记分周期均未记满12分的，换发十年有效期的机动车驾驶证；在机动车驾驶证的十年有效期内，每个记分周期均未记满12分的，换发长期有效的机动车驾驶证。

二、换证

（一）期满换证

机动车驾驶人应当于机动车驾驶证有效期满前九十日内，向机动车驾驶证核发地或者核发地以外的车辆管理所申请换证。申请时应当填写申请表，并提交以下证明、凭证：

1. 机动车驾驶人的身份证明；

2. 机动车驾驶证；

3. 符合健康体检资质二级以上医院、乡镇卫生院、社区卫生服务中心、健康体检中心等医疗机构。属于申请残疾人专用小型自动挡载客汽车的，应提交经省级卫生主管部门指定的专门医疗机构出具的有关身体条件的证明。

（二）所在地变化换证

机动车驾驶人户籍迁出原车辆管理所管辖区的，应当向迁入地车辆管理所申请换证。机动车驾驶人在核发地车辆管理所管辖区以外居住的，可以向居住地车辆管理所申请换证。

（三）降级换证

年龄在60周岁以上的，不得驾驶大型客车、牵引车、城市公交车、中型客车、大型货车、无轨电车和有轨电车；持有大型客车、牵引车、城市公交车、中型客车、大型货车驾驶证的，应当到机动车驾驶证核发地或者核发地以外的车辆管理所换领准驾车型为小型汽车或者小型自动挡汽车的机动车驾驶证。

年龄在70周岁以上的，不得驾驶低速载货汽车、三轮汽车、普通三轮摩托车、普通二轮摩托车和轮式自行机械车；持有普通三轮摩托车、普通二轮摩托车驾驶证的，应当到机动车驾驶证核发地或者核发地以外的车辆管理所换领准驾车型为轻便摩托车的机动车驾驶证。

申请时应当填写申请表，并提交以下证明、凭证：

1．机动车驾驶人的身份证明；

2．机动车驾驶证；

3．县级或者部队团级以上医疗机构出具的有关身体条件的证明。属于申请残疾人专用小型自动挡载客汽车的，应当提交经省级卫生主管部门指定的专门医疗机构出具的有关身体条件的证明。

机动车驾驶人自愿降低准驾车型的，应当填写申请表，并提交机动车驾驶人的身份证明和机动车驾驶证。

（四）信息变化换证

具有下列情形之一的，机动车驾驶人应当在三十日内到机动车驾驶证核发地或者核发地以外的车辆管理所申请换证：

1．在车辆管理所管辖区域内，机动车驾驶证记载的机动车驾驶人信息发生变化的；

2．机动车驾驶证损毁无法辨认的。

申请时应当填写申请表，并提交机动车驾驶人的身份证明和机动车驾驶证。

（五）遗失补发

机动车驾驶证遗失的，机动车驾驶人应当向机动车驾驶证核发地或者核发地以外的车辆管理所申请补发。申请时应当填写申请表，并提交以下证明、凭证：

1．机动车驾驶人的身份证明；

2．机动车驾驶证遗失的书面声明。

符合规定的，车辆管理所应当在1日内补发机动车驾驶证。

机动车驾驶人补领机动车驾驶证后，原机动车驾驶证作废，不得继续使用。

机动车驾驶证被依法扣押、扣留或者暂扣期间，机动车驾驶人不得申请补发。

（六）驾驶证注销

机动车驾驶人具有下列情形之一的，车辆管理所应当注销其机动车驾驶证：

1．死亡的；

2．提出注销申请的；

3．丧失民事行为能力，监护人提出注销申请的；

4．身体条件不适合驾驶机动车的；

5．有器质性心脏病、癫痫病、美尼尔氏症、眩晕症、癔病、震颤麻痹、精神病、痴呆以及影响肢体活动的神经系统疾病等妨碍安全驾驶的；

6．被查获有吸食、注射毒品后驾驶机动车行为，正在执行社区戒毒、强制隔离戒毒、社区康复措施，或者长期服用依赖性精神药品成瘾尚未戒除的；

7．超过机动车驾驶证有效期一年以上未换证的；

8．年龄在70周岁以上，在一个记分周期结束后一年内未提交身体条件证明的；或者持有残疾人专用小型自动挡载客汽车准驾车型，在三个记分周期结束后一年内未提交身体条件证明的；

9．年龄在60周岁以上，所持机动车驾驶证只具有无轨电车或者有轨电车准驾车型，或者年龄在70周岁以上，所持机动车驾驶证只具有低速载货汽车、三轮汽车、轮式自行机械车准驾车型的；

10．机动车驾驶证依法被吊销或者驾驶许可依法被撤销的。

机动车驾驶证超过有效期一年未换证，被注销机动车驾驶证，未超过二年的，机动车驾驶人参加道路交通安全法律、法规和相关知识考试合格后，可以恢复驾驶资格。

年龄在70周岁以上，在一个记分周期结束后一年内未提交身体条件证明的；或者持有残疾人专用小型自动挡载客汽车准驾车型，在三个记分周期结束后一年内未提交身体条件证明的被注销机动车驾驶证，机动车驾驶证在有效期内或者超过有效期不满一年的，机动车驾驶人提交身体条件证明后，可以恢复驾驶资格。

（七）驾驶实习期

机动车驾驶人初次申请机动车驾驶证和增加准驾车型后的 12 个月为实习期，在实习期内有记满 12 分记录的，注销其实习的准驾车型驾驶资格。

在实习期内驾驶机动车的，应当在车身后部粘贴或者悬挂统一式样的实习标志。

机动车驾驶人在实习期内不得驾驶公共汽车、营运客车或者执行任务的警车、消防车、救护车、工程救险车以及载有爆炸物品、易燃易爆化学物品、剧毒或者放射性等危险物品的机动车；驾驶的机动车不得牵引挂车。

驾驶人在实习期内驾驶机动车上高速公路行驶，应当由持相应或者更高准驾车型驾驶证三年以上的驾驶人陪同。其中，驾驶残疾人专用小型自动挡载客汽车的，可以由持有小型自动挡载客汽车以上准驾车型驾驶证的驾驶人陪同。

在增加准驾车型后的实习期内，驾驶原准驾车型的机动车时不受上述限制。

实习标志式样

（八）驾驶证审验

机动车驾驶人应当按照法律、行政法规的规定，定期到公安机关交通管理部门接受审验。

机动车驾驶人换领机动车驾驶证时，应当接受公安机关交通管理部门的审验。

持有大型客车、牵引车、城市公交车、中型客车、大型货车驾驶证的驾驶人，应当在每个记分周期结束后三十日内到公安机关交通管理部门接受审验。但在一个记分周期内没有记分记录的，免予本记分周期审验。机动车驾驶人可以在机动车驾驶证核发地或者核发地以外的地方参加审验、提交身体条件证明。

机动车驾驶证审验内容包括：

1. 道路交通安全违法行为、交通事故处理情况；

2. 身体条件情况；

3. 道路交通安全违法行为记分及记满 12 分后参加学习和考试情况。

机动车驾驶人因服兵役、出国（境）等原因，无法在规定时间内办理驾驶证期满换证、审验、提交身体条件证明的，可以向机动车驾驶证核发地车辆管理所申请延期办理。申请时应当填写申请表，并提交机动车驾驶人的身份证明、机动车驾驶证和延期事由证明。

延期期限最长不超过三年。延期期间机动车驾驶人不得驾驶机动车。

持有大型客车、牵引车、城市公交车、中型客车、大型货车驾驶证一个计分周期内有记分的，以及持有其他准驾车型驾驶证发生交通事故造成人员死亡承担同等以上责任未被吊销机动车驾驶证的驾驶人，审验时应当参加不少于3小时的道路交通安全法律法规、交通安全文明驾驶、应急处置等知识学习，并接受交通事故案例警示教育。

（九）驾驶人体检

对申请机动车驾驶证需要提交身体条件证明的，体检医疗机构由县级或者部队团级以上医疗机构扩大到符合健康体检资质的二级以上医院、乡镇卫生院、社区卫生服务中心、健康体检中心等医疗机构。年龄在70周岁以上的机动车驾驶人，应当每年进行一次身体检查，在记分周期结束后三十日内提交身体检查报告。

持有残疾人专用小型自动挡载客汽车驾驶证的机动车驾驶人，应当每三年进行一次身体检查，在记分周期结束后三十日内，提交经省级卫生主管部门指定的专门医疗机构出具的有关身体条件的证明。

（十）记分管理

道路交通安全违法行为累积记分周期（即记分周期）为12个月，满分为12分，从机动车驾驶证初次领取之日起计算。

依据道路交通安全违法行为的严重程度，一次记分的分值为12分、6分、3分、2分、1分五种。

对机动车驾驶人的道路交通安全违法行为，处罚与记分同时执行。

机动车驾驶人一次有两个以上违法行为记分的，应当分别计算，累加分值。

机动车驾驶人在一个记分周期内累积记分达到12分的，公安机关交通管理部门应当扣留其机动车驾驶证。

机动车驾驶人应当在十五日内到机动车驾驶证核发地或者违法行为地公安机关交通管理部门，参加为期七日的道路交通安全法律、法规和相关知识学习。机动车驾驶人参加学习后，车辆管理所应当在二十日内对其进行道路交通安全法律、法规和相关知识考试。考试合格的，记分予以清除，发还机动车驾驶证；考试不合格的，继续参加学习和考试。拒不参加学习，也不接受考试的，由公安机关交通管理部门公告其机动车驾驶证停止使用。

机动车驾驶人在一个记分周期内有两次以上达到12分或者累积记分达到24分以上的，车辆管理所还应当在道路交通安全法律、法规和相关知识考试合格后十日内对其进行道路驾驶技能考试。接受道路驾驶技能考试的，按照本人机动车驾驶证载明的最高准驾车型考试。

机动车驾驶人在一个记分周期内记分未达到12分，所处罚款已经缴纳的，记分予以清除；记分虽未达到12分，但尚有罚款未缴纳的，记分转入下一记分周期。

道路交通安全违法行为记分分值

记分分值	一、机动车驾驶人有下列违法行为之一，一次记12分：
记分项目	（一）驾驶与准驾车型不符的机动车的； （二）饮酒后驾驶机动车的； （三）驾驶营运客车（不包括公共汽车）、校车载人超过核定人数20%以上的； （四）造成交通事故后逃逸，尚不构成犯罪的； （五）上道路行驶的机动车未悬挂机动车号牌的，或者故意遮挡、污损、不按规定安装机动车号牌的； （六）使用伪造、变造的机动车号牌、行驶证、驾驶证、校车标牌或者使用其他机动车号牌、行驶证的； （七）驾驶机动车在高速公路上倒车、逆行、穿越中央分隔带掉头的； （八）驾驶营运客车在高速公路车道内停车的； （九）驾驶中型以上载客载货汽车、校车、危险物品运输车辆在高速公路、城市快速路上行驶超过规定时速20%以上或者在高速公路、城市快速路以外的道路上行驶超过规定时速50%以上，以及驾驶其他机动车行驶超过规定时速50%以上的； （十）连续驾驶中型以上载客汽车、危险物品运输车辆超过4小时未停车休息或者停车休息时间少于20分钟的； （十一）未取得校车驾驶资格驾驶校车的。
记分分值	二、机动车驾驶人有下列违法行为之一，一次记6分：
记分项目	（一）机动车驾驶证被暂扣期间驾驶机动车的； （二）驾驶机动车违反道路交通信号灯通行的； （三）驾驶营运客车（不包括公共汽车）、校车载人超过核定人数未达20%的，或者驾驶其他载客汽车载人超过核定人数20%以上的； （四）驾驶中型以上载客载货汽车、校车、危险物品运输车辆在高速公路、城市快速路上行驶超过规定时速未达20%的； （五）驾驶中型以上载客载货汽车、校车、危险物品运输车辆在高速公路、城市快速路以外的道路上行驶或者驾驶其他机动车行驶超过规定时速20%以上未达到50%的； （六）驾驶货车载物超过核定载质量30%以上或者违反规定载客的；

记分项目	（七）驾驶营运客车以外的机动车在高速公路车道内停车的； （八）驾驶机动车在高速公路或者城市快速路上违法占用应急车道行驶的； （九）低能见度气象条件下，驾驶机动车在高速公路上不按规定行驶的； （十）驾驶机动车运载超限的不可解体的物品，未按指定的时间、路线、速度行驶或者未悬挂明显标志的； （十一）驾驶机动车载运爆炸物品、易燃易爆化学物品以及剧毒、放射性等危险物品，未按指定的时间、路线、速度行驶或者未悬挂警示标志并采取必要的安全措施的； （十二）以隐瞒、欺骗手段补领机动车驾驶证的； （十三）连续驾驶中型以上载客汽车、危险物品运输车辆以外的机动车超过4小时未停车休息或者停车休息时间少于20分钟的； （十四）驾驶机动车不按照规定避让校车的。
记分分值	三、机动车驾驶人有下列违法行为之一，一次记3分：
记分项目	（一）驾驶营运客车（不包括公共汽车）、校车以外的载客汽车载人超过核定人数未达20%的； （二）驾驶中型以上载客载货汽车、危险物品运输车辆在高速公路、城市快速路以外的道路上行驶或者驾驶其他机动车行驶超过规定时速未达20%的； （三）驾驶货车载物超过核定载质量未达30%的； （四）驾驶机动车在高速公路上行驶低于规定最低时速的； （五）驾驶禁止驶入高速公路的机动车驶入高速公路的； （六）驾驶机动车在高速公路或者城市快速路上不按规定车道行驶的； （七）驾驶机动车行经人行横道，不按规定减速、停车、避让行人的； （八）驾驶机动车违反禁令标志、禁止标线指示的； （九）驾驶机动车不按规定超车、让行的，或者逆向行驶的； （十）驾驶机动车违反规定牵引挂车的； （十一）在道路上车辆发生故障、事故停车后，不按规定使用灯光和设置警告标志的； （十二）上道路行驶的机动车未按规定定期进行安全技术检验的。
记分分值	四、机动车驾驶人有下列违法行为之一，一次记2分：
	（一）驾驶机动车行经交叉路口不按规定行车或者停车的；

续上表

记分项目	（二）驾驶机动车有拨打、接听手持电话等妨碍安全驾驶的行为的； （三）驾驶二轮摩托车，不戴安全头盔的； （四）驾驶机动车在高速公路或者城市快速路上行驶时，驾驶人未按规定系安全带的； （五）驾驶机动车遇前方机动车停车排队或者缓慢行驶时，借道超车或者占用对面车道、穿插等候车辆的； （六）不按照规定为校车配备安全设备，或者不按照规定对校车进行安全维护的； （七）驾驶校车运载学生，不按照规定放置校车标牌、开启校车标志灯，或者不按照经审核确定的线路行驶的； （八）校车上下学生，不按照规定在校车停靠站点停靠的； （九）校车未运载学生上道路行驶，使用校车标牌、校车标志灯和停车指示标志的； （十）驾驶校车上道路行驶前，未对校车车况是否符合安全技术要求进行检查，或者驾驶存在安全隐患的校车上道路行驶的； （十一）在校车载有学生时给车辆加油，或者在校车发动机引擎熄灭前离开驾驶座位的。
记分分值	**五、机动车驾驶人有下列违法行为之一，一次记1分：**
记分项目	（一）驾驶机动车不按规定使用灯光的； （二）驾驶机动车不按规定会车的； （三）驾驶机动车载货长度、宽度、高度超过规定的； （四）上道路行驶的机动车未放置检验合格标志、保险标志，未随车携带行驶证、机动车驾驶证的。

　　持有大型客车、牵引车、城市公交车、中型客车、大型货车驾驶证的驾驶人有下列情形之一的，车辆管理所应当注销其最高准驾车型驾驶资格，并通知机动车驾驶人在三十日内办理降级换证业务：

1.发生交通事故造成人员死亡，承担同等以上责任，未构成犯罪的；

2.在一个记分周期内有记满12分记录的；

3.连续三个记分周期不参加审验的。

　　机动车驾驶人在规定时间内未办理降级换证业务的，车辆管理所应当公告注销的准驾车型驾驶资格作废。

机动车驾驶人在实习期内有记满12分记录的，注销其实习的准驾车型驾驶资格。被注销的驾驶资格不属于最高准驾车型的，注销其最高准驾车型驾驶资格。

持有大型客车、牵引车、城市公交车、中型客车、大型货车驾驶证的驾驶人在一年实习期内记6分以上但未达到12分的，实习期限延长一年。在延长的实习期内再次记6分以上但未达到12分的，注销其实习的准驾车型驾驶资格。

（十一）法律责任

隐瞒有关情况或者提供虚假材料申领机动车驾驶证的，申请人在一年内不得再次申领机动车驾驶证。

申请人在考试过程中有贿赂、舞弊行为的，取消考试资格，已经通过考试的其他科目成绩无效；申请人在一年内不得再次申领机动车驾驶证。

申请人以欺骗、贿赂等不正当手段取得机动车驾驶证的，公安机关交通管理部门收缴机动车驾驶证，撤销机动车驾驶许可；申请人在三年内不得再次申领机动车驾驶证。

第三节　机动车的管理

一、机动车分类

机动车一般分为汽车、摩托车、拖拉机等大类。其中汽车一般按载客汽车、载货汽车分类，摩托车按轻便、普通分类。根据不同的结构和使用性质，各种车型还要进一步细分，如载客汽车又细分为大型载客汽车、中型载客汽车、小型载客汽车、微型载客汽车和营运载客汽车、非营运载客汽车等。

二、机动车管理制度

（一）机动车登记制度

《道路交通安全法》第八条明确规定机动车实行登记制度，机动车必须经公安交通管理部门登记后，方可上道路行驶。尚未登记的机动车，需要临时上道路行驶的，应当取得临时通行牌证。已领有号牌的机动车当机动车所有权发生转移、机动车登记内容变更、机动车用作抵押、机动车报废等情况时，须办理相应的登记。

机动车的登记，一般分为注册登记、转移登记、变更登记、抵押登记和注销登记等。

1．注册登记

初次申领机动车号牌、行驶证的，机动车所有人应当向住所地的车辆管理所申请注册登记。机动车达到国家规定的强制报废标准的不能办理注册登记。

2．转移登记

已注册登记的机动车所有权发生转移的，现机动车所有人应当自机动车交付之日起三十日内向登记地车辆管理所申请转移登记。

机动车所有人申请转移登记前，应当将涉及该车的道路交通安全违法行为和交通事故处理完毕。

3．变更登记

已注册登记的机动车有下列情形之一的，机动车所有人应当向登记地车辆管理所申请变更登记：

(1) 改变车身颜色的；

(2) 更换发动机的；

(3) 更换车身或者车架的；

(4) 因质量问题更换整车的；

(5) 营运机动车改为非营运机动车或非营运机动车改为营运机动车等使用性质改变的；

(6) 机动车所有人的住所迁出或者迁入车辆管理所管辖区域的。

4．抵押登记

机动车所有人将机动车作为抵押物抵押时，机动车所有人（抵押人）和抵押权人应当向登记该机动车的公安机关交通管理部门申请抵押登记。

申请抵押登记的，应当提交抵押人和抵押权人的身份证明、《机动车登记证书》、抵押人和抵押权人依法订立的主合同和抵押合同，填写《机动车抵押 / 注销抵押登记申请表》。

申请解除抵押的，应当填写《机动车抵押 / 解除抵押登记申请表》，持抵押人和抵押权人的身份证明、《机动车登记证书》共同申请解除抵押。

5．注销登记

已达到国家强制报废标准的机动车，机动车所有人向机动车回收企业交售机动车时，应当填写申请表，提交机动车登记证书、号牌和行驶证。机动车回收企业应当确认机动车并解体，向机动车所有人出具《报废机动车回收证明》。报废的校车、大型客车、大型货车及其他营运车辆应当在车辆管理所的监督下解体。

机动车灭失的机动车所有人应依法办理注销手续。公安机关交通管理部门将公告该机动车登记证书、号牌、行驶证作废。

（二）机动车检验制度

登记后上道路行驶的机动车，应当依照法律、行政法规的规定，根据车辆用途、载客载货数量、使用年限等不同情况，定期参加安全技术检验。检验时须提供机动车行驶证和机动车第三者责任强制保险单。对符合机动车国家安全技术标准的，公安机关交通管理部门发给检验合格标志。机动车应当从注册登记之日起，按照下列期限进行安全技术检验：

1．营运载客汽车 5 年以内每年检验 1 次；超过 5 年的，每 6 个月检验 1 次；

2．载货汽车和大型、中型非营运载客汽车 10 年以内每年检验 1 次；超过 10 年的，每 6 个月检验 1 次；

3．小型、微型非营运载客汽车 6 年以内的包括：6 年以内的 7-9 座非营运小微型客车（面包车除外）免检，超过 6 年不满 10 年的非营运小微型客车（面包车除外）每两年检验一次，10-15 年的，每年检验一次，超过 15 年的 6 个月检验一次。

4．摩托车 4 年以内每 2 年检验 1 次；超过 4 年的，每年检验 1 次；

5．拖拉机和其他机动车每年检验 1 次。

（三）机动车报废制度

国家实行机动车强制报废制度，应当报废的机动车必须及时办理注销登记。

（四）机动车交通事故责任强制保险制度

为救助交通事故伤者的需要，国家实行机动车交通事故责任强制保险制度。实行机动车交通事故责任强制保险制度，是为了有效地解决道路交通事故赔偿问题，减少社会矛盾，促进社会稳定和保护公民的生命与财产安全。在办理注册登记和定期检验时，须提供合法的机动车交通事故责任强制保险单。

第二章 交通信号

交通信号的作用是科学引导行驶在道路上的车辆和行人有秩序地安全通行，是保障道路交通安全的重要组成部分。全国实行统一的道路交通信号。道路交通信号分为交通信号灯、交通标志、交通标线和交通警察的指挥。

第一节 交通信号灯

交通信号灯由红灯、绿灯、黄灯组成。红灯表示禁止通行、绿灯表示准许通行、黄灯表示警示。

交通信号灯分为机动车信号灯和非机动车信号灯、人行横道信号灯、车道信号灯、方向指示信号灯、闪光警告信号灯、道路与铁路平面交叉道口信号灯六种。

一、机动车信号灯和非机动车信号灯

1. 绿灯亮时，准许车辆通行，但转弯的车辆不得妨碍被放行的直行车辆、行人通行；

2. 黄灯亮时，已越过停止线的车辆可以继续通行；

3. 红灯亮时，禁止车辆通行；红灯亮时，右转弯的车辆在不妨碍被放行的车辆和行人通行的情况下，可以通行。

二、人行横道信号灯

由内有红色行人站立图案和内有绿色行人行走图案组成的一组信号灯，指导行人通行。

三、车道信号灯

车道信号灯是设置在需要单独指挥的车道上方，只对在该车道行驶的车辆起指挥作用，其他车道的车辆仍按规定信号行驶。设置车道信号灯的目的是为了适应交通信号区域控制或者车道控制的需要，提示驾驶人前方车道能否通行。

1. 绿色箭头灯亮时，准许本车道车辆按指示方向通行；

2. 红色叉形灯或红色箭头灯亮时，禁止本车道车辆通行。

四、方向指示信号灯

方向指示信号灯是指挥机动车行驶方向专用的指示信号，一般安装在交通流量大，需要引导交通流的交叉路口。

方向指示信号灯的设置是为了减少路口直行车辆和转弯车辆的冲突。使路口更加规范、安全及畅通。

方向指示信号灯的箭头方向向左、向上、向右分别表示左转、直行、右转。

五、闪光警告信号灯

一般设置在危险路段以及车流量少的路口，以提醒车辆、行人注意，在确保安全的情况下通行。该信号灯也是晚间使用的一种警示信号，在夜间其他指挥灯停止指挥交通后，利用其中的黄灯来表示。应该说，闪光警告信号灯只是具有警示的作用，并不担负指挥信号的功能，因此，在闪光警告信号灯闪烁的路口，应当视为没有灯控的路口。

六、道路与铁路平面交叉道口信号灯

道路与铁路平面交叉的路口，是交通事故多发地段之一。《道路交通安全法》针对这样的实际情形，要求在道路与铁路平面交叉路口设置信号灯。两个红灯交替闪烁或者一个红灯亮时，禁止车辆、行人通行，红灯熄灭，允许车辆、行人通行。

第二节 交通标志

交通标志分为警告标志、禁令标志、指示标志、指路标志、旅游区标志、作业区标志、辅助标志、告示标志八种。

一、警告标志

警告标志的作用是警告车辆驾驶人、行人前方有危险，应谨慎通过。警告标志的颜色除个别标志外为黄底、黑边、黑图案，形状分为长方形、正方形、叉形、顶角向上的等边三角形。

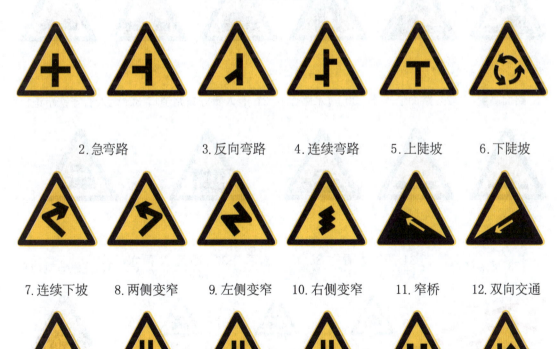

1.交叉路口

2.急弯路　3.反向弯路　4.连续弯路　5.上陡坡　6.下陡坡

7.连续下坡　8.两侧变窄　9.左侧变窄　10.右侧变窄　11.窄桥　12.双向交通

13. 注意行人　14. 注意儿童　15. 注意牲畜　16. 注意野生动物　　17. 注意落石

18. 注意信号灯　19. 注意横风　20. 易滑　　　21. 傍山险路　　22. 村庄

23. 堤坝路　　　24. 隧道　　25. 渡口　　26. 驼峰桥　　27. 路面不平

28. 路面高突　29. 路面低洼　30. 过水路面　31. 有人看守铁路道口　32. 无人看守铁路道口

33. 叉形符号　　34. 距无人看守　35. 距无人看守　36. 距无人看守　37. 注意非机动车
　　　　　　　　铁路道口 50 米　铁路道口 100 米　铁路道口 150 米

38.注意残疾人 39.事故易发路段　　40.注意障碍物　　　　　41.慢行

42.注意危险　　43.施工　　　　44.注意合流　　　45.隧道开车灯

46.注意分离式道路　　47.注意潮汐车道 48.注意保持车距 49.注意路面结冰 50.注意雾天

51.注意雨（雪）天 52.注意不利气象条件 53.注意前方车辆排队 54.建议速度　　55.避险车道

二、禁令标志

　　禁令标志是指禁止或限制车辆、行人交通行为的标志。禁令标志的颜色除个别标志外为白底、红圈、黑图案、图案压杠，形状分为长方形、圆形、八角形、顶角向下的等边三角形。

1.停车让行　　2.减速让行　　3.会车让行　　4.禁止通行　　5.禁止驶入

6. 禁止机动车
驶入

7. 禁止小客车
驶入

8. 禁止大客
车驶入

9. 禁止载货
汽车驶入

10. 禁止电动三
轮车驶入

11. 禁止挂车、
半挂车驶入

12. 禁止拖拉机驶入

13. 禁止三轮汽
车、低速货车
驶入

14. 禁止摩托
车驶入

15. 禁止某两种
车驶入

16. 禁止非机
动车驶入

17. 禁止畜力车驶入

18. 禁止人力客
运三轮车驶入

19. 禁止人力货
运三轮车驶入

20. 禁止人力
车驶入

21. 禁止行人进入

22. 禁止向左转弯

23. 禁止向右转弯

24. 禁止直行

25. 禁止向左
向右转弯

26. 禁止直行和
向左转弯

27. 禁止直行和
向右转弯

28. 禁止掉头

29. 禁止超车

30. 解除禁止超车

31.禁止停车

32.禁止长时停车

33.禁止鸣喇叭

34.限制宽度

35.限制高度

36.限制质量

37.限制轴重

38.限制速度

39.解除限制速度

40.停车检查

41.禁止危险
物品车辆驶入

42.海关

43.区域限制速度

44.区域限制速度解除

45.区域禁止长时停车

46.区域禁止停车

47.区域禁止长时停车解除

48.区域禁止停车解除

三、指示标志

指示标志是指示车辆、行人行进的标志。指示标志颜色为蓝底、白图案，形状分为圆形、长方形和正方形。

1.直行	2.向左转弯	3.向右转弯	4.直行或向左转弯	5.直行或向右转弯

6.向左和向右转弯	7.靠右侧道路行驶	8.靠左侧道路行驶	9.立体交叉直行和左转弯行驶

10.立体交叉直行和右转弯行驶	11.环岛行驶	12.向左单行路	13.向右单行路

14.直行单行路	15.步行	16.鸣喇叭	17.最低限速	18.人行横道

19.路口优先通行	20.会车先行	21.左转车道	22.右转车道	23.直行车道

24. 直行和右转合用车道　　25. 直行和左转合用车道　　26. 掉头车道　　27. 掉头和左转合用车道

28. 分向行驶车道　　29. 公交线路专用车道　　30. 快速公交系统专用车道　　31. 机动车车道

32. 多乘员车辆专用车道　　33. 非机动车车道　　34. 机动车行驶　　35. 非机动车行驶　　36. 允许掉头

四、指路标志

指路标志表示道路信息的指引，为驾驶人传递道路方向、地点、距离信息，形状为长方形，颜色为蓝底、白色图案，高速公路为绿底、白色图案。

（一）一般道路指路标志

1. 四车道及以上公路交叉路口预告　　　　2. 大交通量的四车道及以上公路交叉路口预告

3. 箭头杆上标志公路编号　　　　　　　　4. 道路名称的公路交叉路口预告

5. 十字交叉路口

6. 丁字交叉路口

7. 环形交叉路口

8. Y形交叉路口

9. 互通式立体交叉

10. 分岔处

11. 国道编号	12. 省道编号	13. 县道编号	14. 乡道编号
G105	**S203**	**X008**	**Y002**

15. 街道名称

16. 路名牌

17. 著名地点

18. 地点距离

19. 地点识别

20. 地名

21. 露天停车场

22. 室内停车场

23. 行政区划分界

24. 道路管理分界

25. 错车道

26. 人行天桥

27. 人行地下通道

28. 残疾人专用设施

29. 应急避难场所

30. 观景台

31. 休息区

32. 此路不通

33. 绕行

34. 车道数减少

35. 车道数增加

36. 交通监控设备

37. 隧道出口距离预告

38. 线形诱导标

38. 线形诱导标

（二）高速公路指路标志

1. 入口预告

2. 地点、方向

3. 城市区域多个出口时的地点距离

4. 编号

5. 命名编号

6. 路名

7. 地点距离

8. 出口编号

9. 高速公路下一出口预告

10. 出口预告

11. 出口标志及出口地点方向

12. 高速公路起点　13. 高速公路终点

14. 高速公路交通广播频率

15. 百米牌

16. 里程牌

17. 停车领卡

18. 车距确认

19. 特殊天气建议速度

20. 高速公路紧急电话

21. 电话位置指示

22. 高速公路救援电话　23. 高速公路 ETC 车道　24. 设有 ETC 的收费站

25. 不设电子不停车收费（ETC）车道的收费站

26. 服务区预告

27. 计重收费

28. 加油站	29. 紧急停车带	30. 停车区预告	31. 停车场预告

32. 停车场	33. 爬坡车道	34. 超限超载检测站

  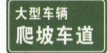  

五、旅游区标志

旅游区标志是提供旅游项目类别、具有代表性的符号及前往各旅游景点的指引。颜色为棕色底、白色字符图案，形状为长方形和正方形。

1. 旅游区距离	2. 旅游区方向

3. 旅游区符号

索道	徒步	问讯处	野营地	营火

游戏场	骑马	钓鱼	高尔夫球	游泳

潜泳	划船	滑雪	冬季游览区	滑冰

六、作业区标志

1.施工路栏	2.施工路栏	3.锥形交通标
	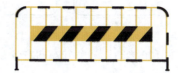	

七、辅助标志

1.除公共汽车外

除公共汽车外

2.机动车

3.货车

4.货车、拖拉机

货车 拖拉机

5.私人专属

私人专属

6.行驶方向标志

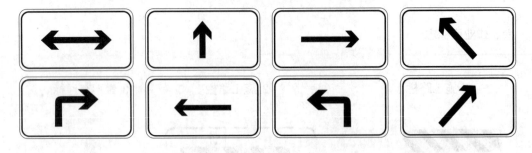

7.向前 200 米

200m ↑

8.向左 100 米

← **100**m

9.向左向右各 50 米

← **50**m | **50**m →

10.某区域内

二环路 区域内

11.向右 100 米

100 m →

12.距离某地 200 米

200m

13.长度

长度 5km

14.组合辅助

🚌 **100**m 7:30-18:30

塌方

海关

学校

事故

校车停靠站点

15.时间范围

八、告示标志

第三节　交通标线

交通标线按功能分为指示标线、禁止标线、警告标线。

一、指示标线

用以指示车行道、行车方向、路面边缘、人行道等设施的标线。

1.可跨越对向车行道分界线　　　2.可跨越同向车行道分界线　　　3.潮汐车道线

4.车行道边缘线

a.车行道边缘白色实线　　b.车行道边缘白色虚线　　c.车行道边缘白色虚实线　　d.黄色单实线车行道边缘线

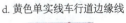

5.左转待转区线　　　　6.路口导向线　　　　7.导向车道线

8.可变导向车道标线　　　　9.人行横道线　　　　10.人行横道预告标识线

 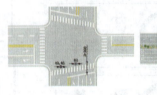  

11.白色折线车距确认线　　12.白色半圆状车距确认线　　13.出入口标线

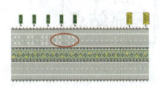   

14.停车位标线

a.平行式停车位标线　　　　b.倾斜式停车位标线　　　　c.垂直式停车位标线

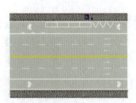  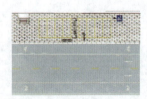

15.固定停车方向停车位标线　16.出租车专用待客停车位标线　17.出租车专用上下客停车位标线

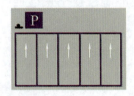  

18. 残疾人专用停车位标线　　　**19. 非机动车停车位标线**

　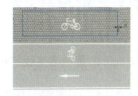

20. 限时停车位标线

a. 平行式机动车限时停车位标线　　b. 倾斜式机动车限时停车位标线　　c. 垂直式机动车限时停车位标线

21. 车种专用港湾式停靠站标线　　**22. 港湾式停靠站标线**　　**23. 非机动车路面标记**

24. 导向箭头

25. 路边式停靠站标线　　　　　　**26. 残疾人专用停车位路面标记**

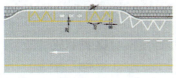 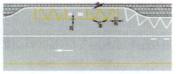　　　

27. 路面限速标记字符

二、禁止标线

用以告示道路交通的遵行、禁止、限制等特殊规定，车辆驾驶人及行人需严格遵守的标线。

1.双黄实线禁止跨越对向车行道分界线 **2.黄色虚实线禁止跨越对向车行道分界线**

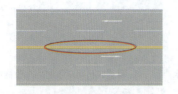 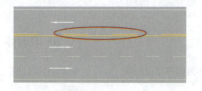

3.黄色单实线禁止跨越对向车行道分界线 **4.黄色斜线填充双黄实线禁止跨越对向车行道分界线**

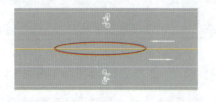 

5.禁止跨越同向车行道分界线 **6.禁止长时停车线** **7.禁止停车线**

 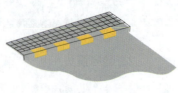 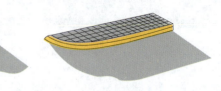

8.停止线 **9.让行线**

a.停车让行线 b.减速让行线

10.十字交叉口导流线设置示例 **11.T形交叉口导流线设置示例** **12.网状线**

  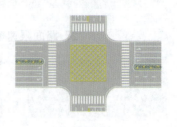

13. 中心圈

14. 小型车专用车道线

15. 公交专用车道线

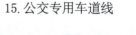

16. 大型车专用车道线　17. 多乘员车辆专用车道线　18. 禁止掉头标记　19. 禁止转弯标记

三、警告标线

用以促使车辆驾驶人及行人了解道路上的特殊情况,提高警觉,准备防范应变措施的标线。

1.路面（车行道）宽度渐变段标线　　2.接近障碍物标线　　3.收费岛地面标线

4.车行道横向减速标线　　5.车行道纵向减速标线　　6.立面标记

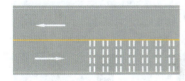

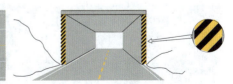

第四节　交通警察的指挥

　　交通警察指挥手势信号分为 8 种，分别是停止、直行、左转弯、左转弯待转、右转弯、变道、减速慢行、示意车辆靠边停车。交通警察在夜间没有路灯、照明不良或者遇雨、雪、雾、沙尘、冰雹等低能见度天气条件下执勤时，可以右手持指挥棒，按规定动作疏导交通。遇有交通警察现场指挥时，应当按照交通警察的指挥通行。

直行信号

停止信号

左转弯信号

右转弯信号

左转弯待转信号

示意车辆靠边停车信号

减速慢行信号

变道信号

第三章 道路通行规定

第一节 道路通行原则及通行条件

一、通行原则

（一）右侧通行原则

《道路交通安全法》明确规定机动车、非机动车实行右侧通行。右侧通行是指机动车、非机动车在道路上行驶时，如果路上划设有中心线、中心隔离设施的，以中心线、中心隔离设施为界；未划设中心线、中心隔离设施的，一律靠道路右侧行驶。

（二）分道通行原则

1. 道路划分为机动车道、非机动车道、人行道的，机动车、非机动车、行人实行分道通行。

2. 没有划分机动车道、非机动车道和人行道的，机动车在道路中间通行，非机动车和行人都在道路两侧通行。

3．道路划有专用车道的，只准许规定的车辆通行，其他车辆不得进入专用车道内行驶。

4．在同方向划有两条以上机动车道的道路上，左侧为快速车道，右侧为慢速车道。

（三）优先通行原则

优先通行是车辆或行人在道路上相遇时，依据道路交通安全法规定的其中一方优先通过，另一方应当依法履行让行的义务。

（四）安全通行原则

安全通行是交通参与者在道路上通行时，无论发生何种情况，必须采取必要措施，避免人身伤亡或财务损失。道路交通安全法律法规的各项条款在制定过程中始终坚持这一原则。

二、机动车和机动车驾驶人

（一）机动车通行条件

1．驾驶人驾驶机动车上道路行驶前，应当对机动车的安全技术性能进行认真的检查，不得驾驶安全设施不全或者机件不符合技术标准等具有安全隐患的机动车。

2．驾驶机动车上道路行驶，应当悬挂机动车号牌，放置检验合格标志、保险标志，并随车携带机动车行驶证。机动车号牌应当按照指定位置悬挂并保持清晰、完整，不得故意遮挡、污损。

3．严格遵守道路交通安全法规对车辆报废的规定，应当报废的机动车必须及时办理注销登记。达到报废标准的机动车不得上道路行驶。

4．不能随意改变机动车的使用性能；不得改变机动车的型号、发动机号、车架号或者车辆识别代码；应当做到不得喷涂、安装或者使用警车、消防车、救护车、工程救险车专用的或者与其相类似的标志图案、警报器或者标志灯具；不得拼装机动车或者擅自改变机动车已登记的结构、构造或者特征。

（二）驾驶人通行条件

1．驾驶机动车上道路行驶前，应当依法取得机动车驾驶证。

2．在驾驶机动车时，应当按照驾驶证载明的准驾车型驾驶，并随身携带机动车驾驶证。

3．饮酒、服用国家管制的精神药品或者麻醉药品、患有妨碍安全驾驶机动车的疾病、过度疲劳影响安全驾驶的，不得驾驶机动车。

（1）酒后驾车是指车辆驾驶人员凡是饮用白酒、啤酒、果酒、汽酒等含有酒精的饮料，在酒精作用期间驾驶车辆的。100ml 血液中，酒精含量大于或者等于 20mg、小于 80mg 的驾驶行为是饮酒驾车；大于或等于 80mg 的驾驶行为是醉酒驾车。

（2）国家管制的精神药品或者麻醉药品是指服用国家禁止或限制服用的，抑制、麻痹或兴奋神经的药品。

（3）患有妨碍安全驾驶机动车的疾病是指取得驾驶证后新发的疾病，包括精神病、痴呆，影响手脚活动的脑血管病、心血管病、癫痫、美尼尔氏症、眩晕症、震颤麻痹、发烧、严重的耳疾、眼疾，除左下肢外的肢体严重残疾等。

（4）过度疲劳影响安全驾驶的，不得驾驶机动车。过度疲劳是指驾驶人每天驾车超过 8 小时，从事公路客运的驾驶人一次连续驾驶车辆超过 4 小时，或者从事其他劳动，体力消耗过大，或者睡眠不足，以致行车中困倦瞌睡，四肢无力，不能及时发现和准确处理路面交通情况。

4. 不得将机动车交由未取得机动车驾驶证或者机动车驾驶证被吊销、暂扣的人驾驶；不得强迫、指使、纵容驾驶人违反道路交通安全法律、法规和机动车安全驾驶要求驾驶机动车。

第二节　机动车通行规定

一、限速规定

机动车在道路上的行驶速度，应当严格遵守交通法规的规定。不得超过限速标志标明的最高时速，不得低于限速标志标明的最低时速。

（一）在没有限速标志、标线的道路上，机动车最高行驶速度为：

1. 没有道路中心线的道路，城市道路为 30 公里 / 小时，公路为 40 公里 / 小时；

2. 同方向只有一条机动车道的道路，

城市道路为 50 公里 / 小时，公路为 70 公里 / 小时；

3．同方向划有两条以上机动车道的道路，没有限速标志、标线的，城市道路最高时速为 70 公里，封闭的机动车专用道路和公路最高时速为 80 公里；

4．低速载货汽车、三轮汽车、拖拉机、电瓶车、轮式专用机械车、正三轮摩托车、轻便摩托车在道路上行驶时最高时速为 30 公里；

5．附载作业人员的货运汽车、全挂拖斗车、运载危险化学品的货运汽车、二轮摩托车、侧三轮摩托车和铰接式客车、电车在城市道路上行驶时最高时速为 50 公里，

在封闭的机动车专用道路和公路上行驶时最高时速为 60 公里。

（二）机动车行驶中遇有下列情形之一，最高时速不得超过 30 公里，电瓶车、拖拉机、轮式专用机械车不得超过 15 公里；

1．进出非机动车道、通过铁路道口、急弯路、窄路、窄桥时；

2．掉头、转弯、下陡坡时；

3．遇沙尘、冰雹、雨、雪、雾天能见度在 50 米以内时；

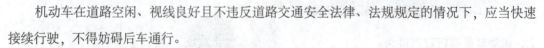

4．在冰雪、泥泞的道路上行驶时；

5．牵引发生故障的机动车时。

机动车在道路空闲、视线良好且不违反道路交通安全法律、法规规定的情况下，应当快速接续行驶，不得妨碍后车通行。

夜间行驶或者在容易发生危险的路段行驶时，应当降低行驶速度。

在单位院内、居民居住区内，机动车应当低速行驶，避让行人。有限速标志的，按限速标志行驶。

二、超车、会车、掉头、倒车

（一）超车

超车是同一车行道行驶的车辆，后车从左侧超越前车的过程。

机动车超车时，应当提前开启左转向灯，变换使用远、近光灯或者鸣喇叭。在没有道路中心线或者同方向只有一条机动车道的道路上，前车遇后车发出超车信号时，在条件许可的情况下，应当降低速度、靠右让路。后车应当在确认有充足的安全距离后，从前车的左侧超越，在与被超车辆拉开必要的安全距离后，开启右转向灯，驶回原车道。

有下列情形之一的，不得超车：

1. 前车正在左转弯、掉头、超车的；

2. 与对面来车有会车可能的；

3. 前车为执行紧急任务的警车、消防车、救护车、工程救险车的；

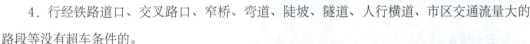

4. 行经铁路道口、交叉路口、窄桥、弯道、陡坡、隧道、人行横道、市区交通流量大的路段等没有超车条件的。

（二）会车

会车是机动车辆在车行道相向交错行驶的过程。

在没有中心隔离设施或者没有中心线的道路上，应当遵守下列规定：

1. 减速靠右通过，并与其他车辆、行人保持必要的安全距离；

2. 在有障碍的路段，无障碍的一方先行；但有障碍的一方已驶入障碍路段而无障碍一方未驶入时，有障碍的一方先行；

3. 在狭窄的坡路，上坡的一方先行；但下坡车已行至中途而上坡车未上坡时，下坡车先行；

4. 在狭窄的山路，不靠山体的一方先行；

5. 机动车通过环形路口，应当按照导向箭头所示方向行驶。进环形路口的机动车应当让已在路口内环行或者出环形路口的机动车先行；

6. 机动车通过有交通信号灯控制的交叉路口，遇放行信号时，应当让先于本放行信号放行的车辆先行；

7. 机动车进出或者穿越道路的，应当让在道路上正常行驶的车辆、行人先行。在设有主路、辅路的道路上，进主路的机动车应当让在主路上行驶的和出主路的机动车先行，辅路上行驶的机动车应当让出主路的机动车先行；

8. 夜间会车应当在距相对方向来车150米以外改用近光灯，在窄路、窄桥与非机动车会车时应当使用近光灯；

9. 道路养护车辆、工程作业车进行作业时，在不影响过往车辆通行的前提下，其行驶路线和方向不受交通标志、标线限制，过往车辆和人员应当注意避让。

（三）掉头

掉头是车辆在道路上行驶中，改变车辆的行驶方向，使之朝着与原先相反方向行驶的过程。

1.机动车在有禁止掉头或者禁止左转弯标志、标线的地点以及在铁路道口、人行横道、桥梁、急弯、陡坡、隧道或者容易发生危险的路段，不得掉头。

2.机动车在有掉头标志、标线或者未设置禁止左转弯、禁止掉头标志、标线的路口、路段，可以掉头。掉头时应当提前进入导向车道或者在距掉头地点150米至50米处驶入最左侧车道，并不得妨碍行人和其他车辆正常通行。

（四）倒车

机动车倒车时，应当察明车后情况，确认安全后方可倒车。在视线不好的情况下应有人引导。铁路道口、交叉路口、单行路、桥梁、急弯、陡坡或者隧道中不得倒车。

三、交叉路口

交叉路口分为有交通信号控制和无交通信号控制两种：

（一）有交通信号控制的路口

1. 在划有导向车道的路口，按所需行进方向驶入导向车道。

2. 准备进入环形路口的让已在路口内的机动车先行。

3. 向左转弯时，靠路口中心点左侧转弯。转弯时开启转向灯，夜间行驶开启近光灯。

4. 遇放行信号时，依次通行。

5. 遇停止信号时，依次停在停止线以外。没有停止线的，停在路口以外。

6. 向右转弯遇有同车道前车正在等候放行信号时，依次停车等候。

7. 在没有方向指示信号灯的交叉路口，转弯的机动车让直行的车辆、行人先行。相对方向行驶的右转弯机动车让左转弯车辆先行。

（二）无交通信号控制的路口

通过没有交通信号灯控制也没有交通警察指挥的交叉路口时，应当减速慢行，并让行人和优先通行的车辆先行。此外，在遵守有交通信号控制的路口规定中第2项、第3项的规定外，还应当按下列规定通行：

1. 有交通标志、标线控制的，让优先通行的一方先行；

2. 没有交通标志、标线控制的，在进入路口前停车瞭望，让右方道路的来车先行；

3. 转弯的机动车让直行的车辆先行；

4. 相对方向行驶的右转弯的机动车让左转弯的车辆先行。

四、分道、借道、变更车道

（一）分道

1. 在同方向划有两条以上机动车道的道路上，左侧为快速车道，右侧为慢速车道。

2．在快速车道的机动车应当按照快速车道规定的速度行驶，未达到快速车道规定的行驶速度的，应当在慢速车道行驶。

3．货运汽车、摩托车、拖拉机、低速载货汽车、三轮汽车、轮式自行机械车，在慢速车道行驶；大客车不得在快速车道行驶，但超越前方车辆时除外。

4．在设有主路、辅路的道路上，拖拉机、低速载货汽车、三轮汽车、轮式自行机械车和摩托车，只准在辅路行驶。

5．实习期内的驾驶人驾驶机动车，不得在快速车道行驶。

6．摩托车应当在最右侧车道行驶。

（二）借道

慢速车道内的机动车超越前车时，可以借用快速车道行驶。

在道路划设的公交专用车道内，在规定的时间内只准公共汽车、电车通行，其他车辆不得进入该车道行驶；遇交通管制等特殊情况时，按照交通警察指挥或者交通标志指示，可以借用公交专用车道行驶。

行人遇人行道有障碍无法正常通行而借用车行道通行时，车辆应当避让借道通行的行人。

（三）变更车道

车辆变更车道不得影响相关车道内行驶的车辆、行人的正常通行，并应当遵守下列规定：

1．让所借车道内行驶的车辆或者行人先行；

2．按顺序依次行驶，不得频繁变更机动车道；

3．在道路同方向划有两条以上机动车道的，不得一次连续变更两条以上机动车道；

4．左右两侧车道的车辆向同一车道变更时，左侧车道的车辆让右侧车道的车辆先行。

五、受阻路段、路口

（一）受阻路段

1. 机动车遇有前方车辆停车排队等候、缓慢行驶时，应当停车等候或者依次行驶。

2. 不得借道超车或者占用对面车道，不得穿插等候的车辆。

3. 不得进入非机动车道、人行道行驶，不得鸣喇叭催促车辆、行人。

（二）受阻路口

1. 前方交叉路口交通阻塞时，应当依次排队停在路口以外等候。

2. 不得进入路口或从前方车辆两侧穿插或者超越行驶，严禁在人行横道、网状线区域停车等候。

机动车在车道减少的路段、路口，遇有前方机动车停车排队等候或者缓慢行驶的，应当每车道一辆依次交替驶入车道减少后的路口、路段。

六、铁路道口、漫水路、漫水桥、渡口

（一）铁路道口

铁路道口是铁路与道路在同一平面相交形成的特殊路口。

机动车通过铁路道口时，应当按照交通信号或者管理人员的指挥通行；没有交

通信号或者管理人员的，应当减速或者停车，在确认安全后通过。机动车载运超限物品行经铁路道口的，应当按当地铁路部门指定的铁路道口、时间通过。

（二）漫水路、漫水桥

路面、桥面被水覆盖，车辆的附着力低，同时水的流动冲击力使车辆容易发生侧滑，所以机动车行经漫水路或者漫水桥时，应当停车察明水情，确认安全后，低速通过。

（三）渡口

机动车行经渡口，应当服从渡口管理人员指挥，按指定地点依次待渡。机动车上下渡船时，应当低速慢行。

七、人行横道

机动车行经人行横道时，应当减速行驶；遇行人正在通过人行横道，应当停车让行。

机动车行经没有交通信号的道路时，遇有行人横过道路，应当避让。

八、装载

装载包括载物和载人：

（一）载物

机动车载物不得超过机动车行驶证上核定的载质量，装载长度、宽度不得超出车厢，并应当遵守下列规定：

1．重型、中型载货汽车，半挂车载物，高度从地面起不得超过 4 米，载运集装箱的车辆不得超过 4.2 米；

2．其他载货的机动车载物，高度从地面起不得超过 2.5 米；

3．摩托车载物，高度从地面起不得超过 1.5 米，长度不得超出车身 0.2 米。两轮摩托车载物宽度左右各不得超出车把 0.15 米；三轮摩托车载物宽度不得超过车身。

载客汽车除车身外部的行李架和内置的行李箱外，不得载货。载客汽车行李架载货，从车顶起高度不得超过 0.5 米，从地面起高度不得超过 4 米。

特别规定：机动车运载超限的不可解体的物品，影响交通安全的，应当按照公安机关交通管理部门指定的时间、路线、速度行驶，悬挂明显标志。在公路上运载超限的不可解体的物品，并应当依照公路法的规定执行。

机动车载运爆炸物品、易燃易爆化学物品以及剧毒、放射性等危险物品，应当经公安机关批准后，按指定的时间、路线、速度行驶，悬挂警示标志并采取必要的安全措施。

禁止货运机动车载客。货运机动车需要附载作业人员的，应当设置保护作业人员的安全措施。

（二）载人

机动车载人应当遵守下列规定：

1．公路载客汽车不得超过核定的载客人数，但按照规定免票的儿童除外，在载客人数已满的情况下，按照规定免票的儿童不得超过核定载客人数的10%；

2．载货汽车车厢不得载客。在城市道路上，货运机动车在留有安全位置的情况下，车厢内可以附载临时作业人员1~5人；载物高度超过车厢栏板时，货物上不得载人；

3．摩托车后座不得乘坐未满12周岁的未成年人，轻便摩托车不得载人；

4．客运汽车不得违反规定载货；

5．机动车在行驶中，乘车人不得将身体任何部分伸出车外，不得跳车。

九、灯光、喇叭

灯光和喇叭是机动车保证行驶安全，并与其他的交通参与者交换交通信息的装置。

（一）灯光

灯光主要包括：转向灯、前照灯、后位灯、示廓灯、制动灯等。驾驶人必须保证灯光齐全、有效，并按照道路交通安全法规的要求正确使用。

1．机动车在夜间路灯开启期间，应当开启前照灯、示廓灯和后位灯。

2．向左转弯、向左变更车道、准备超车、驶离停车地点或者掉头时，应当提前100米至50米开启左转向灯。

向右转弯、向右变更车道、超车完毕驶回原车道、靠路边停车时，应当提前100米至50米开启右转向灯。

3．机动车在夜间没有路灯、照明不良或者遇有雾、雨、雪、沙尘、冰雹等低能见度情况下行驶时，应当开启前照灯、示廓灯和后位灯，但同方向行驶的后车与前车近距离行驶时，不得使用远光灯。机动车雾天行驶应当开启雾灯和危险报警闪光灯。

4．机动车在夜间通过急弯、坡路、拱桥、人行横道或者没有交通信号灯控制的路口时，应当交替使用远近光灯示意。

5．机动车在行驶中不得使用危险报警闪光灯，但道路交通安全法律、法规规定的牵引与被牵引的机动车、道路作业车辆、警车护卫的车队以及低能见度气象条件下行驶的机动车除外。

（二）喇叭

机动车驶近急弯、坡道顶端等影响安全视距的路段以及超车或者遇有紧急情况时，应当减速慢行，并鸣喇叭示意。

十、机动车发生故障

机动车在道路上发生故障,需要停车排除故障时,驾驶人应当立即开启危险报警闪光灯,将机动车移至不妨碍交通的地方停放;机动车在道路上发生故障或者发生交通事故,妨碍交通又难以移动的,应当按照规定开

启危险报警闪光灯并在车后50至100米处设置警告标志,夜间还应当同时开启示廊灯和后位灯,必要时报警。

十一、牵引挂车、故障车

(一)机动车牵引挂车的规定

1. 载货汽车、半挂牵引车、拖拉机只允许牵引1辆挂车。挂车的灯光信号、制动、连接、安全防护等装置应当符合国家标准;

2. 小型载客汽车只允许牵引旅居挂车或者总质量700千克以下的挂车。挂车不得载人;

3. 载货汽车所牵引挂车的载质量不得超过载货汽车本身的载质量。

大型、中型载客汽车,低速载货汽车,三轮汽车以及其他机动车不得牵引挂车。

(二)牵引故障机动车的规定

1. 被牵引的机动车除驾驶人外不得载人,不得拖带挂车;

2. 被牵引的机动车宽度不得大于牵引机动车的宽度;

3. 使用软连接牵引装置时,牵引车与被牵引车之间的距离应当大于4米小于10米;

4. 对制动失效的被牵引车,应当使用硬连接牵引装置牵引;

5. 牵引车和被牵引车均应当开启危险报警闪光灯。

汽车吊车和轮式专用机械车不得牵引车辆。摩托车不得牵引车辆或者被其他车辆牵引。

转向或者照明、信号装置失效的故障机动车,应当使用专用清障车拖曳。

十二、特种车辆

特种车辆是指警车、消防车、救护车、工程救险车。

警车、消防车、救护车、工程救险车执行紧急任务时,可以使用警报

器、标志灯具；在确保安全的前提下，不受行驶路线、行驶方向、行驶速度和信号灯的限制，其他车辆和行人应当让行。

警车、消防车、救护车、工程救险车非执行紧急任务时，不得使用警报器、标志灯具，不享有前款规定的道路优先通行权。

十三、停车

停车分为两种：停放和临时停车。

（一）机动车的停放

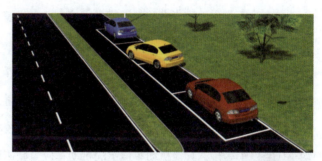

1. 机动车的停放是指驾驶人离开车辆，长时间的停留。机动车应当在停车场或者交通标志、标线规定的道路停车泊位内停放。

2. 在施划停车泊位的地点停放时，按顺行方向停放，车身不得超出停车泊位，并做到关闭电路，锁好车门。

3. 借道进出停车场或者道路停车泊位的，不得妨碍其他车辆或者行人正常通行。

4. 禁止在人行道上停放机动车。

（二）机动车在道路上临时停车

临时停车是指车辆在非禁止停车的路段，在驾驶人不离开车辆的情况下，靠道路右边按顺行方向的短暂停留。在道路上临时停车时，不得妨碍其他车辆和行人通行，并应当遵守下列规定：

1. 在设有禁停标志、标线的路段，在机动车道与非机动车道、人行道之间设有隔离设施的路段以及人行横道、施工地段，不得停车；

2. 交叉路口、铁路道口、急弯路、宽度不足4米的窄路、桥梁、陡坡、隧道以及距离上述地点50米以内的路段，不得停车；

3. 公共汽车站、急救站、加油站、消防栓或者消防队（站）门前以及距离上述地点30米以内的路段，除使用上述设施的以外，不得停车；

4. 车辆停稳前不得开车门和上下人员，开关车门不得妨碍其他车辆和行人通行；

5．路边停车应当紧靠道路右侧，机动车驾驶人不得离车，上下人员或者装卸物品后，立即驶离；

6．城市公共汽车不得在站点以外的路段停车上下乘客；

7．按顺行方向，车身右侧紧靠道路边缘，不得超过30厘米，同时开启危险报警闪光灯；

8．夜间或者遇风、雨、雪、雾等低能见度气象条件时，开启示廓灯、后位灯、雾灯。

十四、校车规定

校车上下学生，应当在校车停靠站点停靠，未设校车停靠站点的路段可以在公共交通站台停靠。

校车在道路上停车上下学生，应当靠道路右侧停靠，开启危险报警闪光灯，打开停车指示标志。校车在同方向只有一条机动车道的道路上停靠时，后方车辆应当停车等待，不得超越。校车在同方向有两条以上机动车道的道路上停靠时，校车停靠车道后方和相邻机动车道上的机动车应当停车等待，其他机动车道上的机动车应当减速通过。校车后方停车等待的机动车不得鸣喇叭或者使用灯光催促校车。

载有学生的校车在高速公路上行驶的最高时速不得超过80公里，在其他道路上行驶的最高时速不得超过60公里。

载有学生的校车在急弯、陡坡、窄路、窄桥以及冰雪、泥泞的道路上行驶，或者遇有雾、雨、雪、沙尘、冰雹等低能见度气象条件时，最高时速不得超过20公里。

十五、驾驶人禁止行为

驾驶机动车不得有下列行为：

(1) 在车门、车厢没有关好时行车；

(2) 在机动车驾驶室的前后窗范围内悬挂、放置妨碍驾驶人视线的物品；

(3) 拨打接听手持电话、观看电视等妨碍安全驾驶的行为；

(4) 下陡坡时熄火或者空挡滑行；

(5) 向道路上抛撒物品；

(6) 驾驶摩托车手离车把或者在车把上悬挂物品；

(7) 连续驾驶机动车超过4小时未停车休息或者停车休息时间少于20分钟；

(8) 在禁止鸣喇叭的区域或者路段鸣喇叭。

第三节　高速公路的特别规定

高速公路具有车速高、通行能力大、全封闭、机动车专用的特点。《道路交通安全法》明确规定：行人、非机动车、拖拉机、轮式专用机械车、铰接式客车、全挂拖斗车以及其他设计最高时速低于 70 公里的机动车，不得进入高速公路。

一、限速规定

高速公路应当标明车道的行驶速度，最高车速不得超过每小时 120 公里，最低车速不得低于每小时 60 公里。

在高速公路上行驶的小型载客汽车最高车速不得超过每小时 120 公里，其他机动车不得超过每小时 100 公里，摩托车不得超过每小时 80 公里。

同方向有 2 条车道的，左侧车道的最低车速为每小时 100 公里；同方向有 3 条以上车道的，最左侧车道的最低车速为每小时 110 公里，中间车道的最低车速为每小时 90 公里。道路限速标志标明的车速与上述车道行驶车速的规定不一致的，按照道路限速标志标明的车速行驶。

二、驶入、驶出高速公路

机动车进入高速公路起点后，应当尽快将时速提高到 60 公里以上。

机动车从匝道驶入高速公路，应当开启左转向灯，在不妨碍已在高速公路内的机动车正常行驶的情况下驶入车道。

机动车驶离高速公路时，应当开启右转向灯，驶入减速车道，降低车速后驶离。

三、安全行驶间距

机动车在高速公路上行驶，车速超过每小时 100 公里时，应当与同车道前车保持 100 米以上的距离，车速低于每小时 100 公里时，与同车道前车距离可以适当缩短，但最小距离不得少于 50 米。

机动车在高速公路上行驶，遇有雾、雨、雪、沙尘、冰雹等低能见度气象条件时，应当遵守下列规定：

（一）能见度小于 200 米时，开启雾灯、近光灯、示廓灯和前后位灯，车速不得超过每小时 60 公里，与同车道前车保持 100 米以上的距离；

（二）能见度小于 100 米时，开启雾灯、近光灯、示廓灯、前后位灯和危险报警闪光灯，车速不得超过每小时 40 公里，与同车道前车保持 50 米以上的距离；

（三）能见度小于 50 米时，开启雾灯、近光灯、示廓灯、前后位灯和危险报警闪光灯，车速不得超过每小时 20 公里，并从最近的出口尽快驶离高速公路。

遇有前款规定情形时，高速公路管理部门应当通过显示屏等方式发布速度限制、保持车距等提示信息。

四、载人

在高速公路上行驶的载货汽车车厢不得载人。

两轮摩托车在高速公路行驶时不得载人。

五、其他禁止行为

（一）倒车、逆行、穿越中央分隔带掉头或者在车道内停车；

（二）在匝道、加速车道或者减速车道上超车；

（三）骑、轧车行道分界线或者在路肩上行驶；

（四）非紧急情况时在应急车道行驶或者停车；

（五）试车或者学习驾驶机动车。

六、发生故障和交通事故

机动车在高速公路上发生故障时，警告标志应当设置在故障车来车方向150米以外，车上人员应当迅速转移到右侧路肩上或者应急车道内，并且迅速报警。

机动车在高速公路上发生故障或者交通事故，无法正常行驶的，应当由救援车、清障车拖曳、牵引。

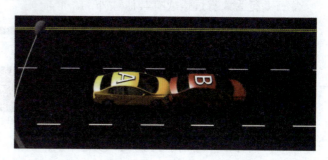

第四章 道路交通事故处理

道路交通事故是指车辆在道路上因过错或意外造成的人身伤亡或财产损失的事件。构成交通事故应当具备下列要素：

一、由车辆造成的；

二、在道路上发生的；

三、行为人有过错或有其他意外因素；

四、有损害后果。

交通事故处理有三种方法：

一、当事人自行协商解决交通事故；

二、交通警察适用简易程序处理交通事故；

三、交通警察适用一般程序处理交通事故。

第一节　交通事故现场处置

根据相关法律法规的规定，发生交通事故后，车辆驾驶人应立即停车，保护现场并根据不同情形分别采取相应的措施：

（一）在本市道路上发生机动车之间造成车物损失或者人员轻微伤，且车辆能移动的交通事故，驾驶人应当立即停车，开启危险报警闪光灯，夜间还须开启示廓灯和后位灯，相互记下车牌号和联系方式后，在确保安全的情况下，迅速将车辆移至不妨碍交通的地点协商解决。

（二）对于机动车之间发生的造成车物损失或者人员轻微伤，且车辆能移动的交通事故，有下列情形之一的，驾驶人应标划现场，迅速将车辆移至不妨碍交通的地点报警，等候交通警察处理：

1. 碰撞建筑物、公共设施及其他设施的；

2. 无检验合格标志的；

3. 无交强险标志的；

4. 未在本市投保交强险的；

5. 一方逃逸的。

（三）对于机动车之间发生的造成车物损失或者人员轻微伤，且车辆能移动的交通事故，有下列情形之一的，驾驶人应立即报警，在现场等候交通警察处理：

1．车辆无号牌的；

2．驾驶人无驾驶证的；

3．驾驶人饮酒的。

（四）机动车发生单方交通事故仅造成自身车辆损坏的，驾驶人应迅速将车辆移至不妨碍交通的地点向保险公司报案，等候保险公司处理。

（五）发生机动车与非机动车、行人之间的交通事故，或者是机动车之间的交通事故造成人员伤亡的，车辆驾驶人应采取下列措施：

1．不得移动肇事车辆及现场与事故相关的散落物。造成人员伤亡的，应当立即抢救受伤人员并及时拨打"120"或"999"急救电话，请专业医护人员进行救护，因抢救受伤人员变动现场的，应当标明位置。

2．迅速报告执勤的交通警察或拨打报警电话，等候交通警察处置现场。

3．为了防止再次发生事故，驾驶人须及时开启危险报警闪光灯，白天在车后 50 米处设置警告标志，夜间还应同时开启示廓灯和后位灯，并在车后 100 米处设置警告标志。

在高速公路上发生交通事故的，除在来车方向 150 米以外设置故障车警告标志和持续开启危险报警闪光灯外，还应当同时开启示廓灯和后位灯。

4．驾驶人和乘车人除采取上述措施外，应立即离开车辆，转移至右侧路肩、车行道以外或其他安全的位置，转移过程中要注意避让行驶中的车辆，防止再次发生事故。

5．在设置和回收警告标志时，应面对来车方向，随时观察、避让行驶的车辆，确保自身安全。

6．已投保机动车保险的车辆，驾驶人或车主还应及时通知保险公司。

第二节　当事人自行协商解决交通事故

一、自行协商解决交通事故范围和要求

1．在本市道路上发生机动车之间造成车物损失或者人员轻微伤。

2．车辆能移动且双方对事故成因无争议。

二、事故现场处理

1．驾驶人应当立即停车，开启危险报警闪光灯，夜间还须开启示廓灯和后位灯。对需要标划现场的事故，当事人在固定机动车停车位置时，可用石笔或粉笔在车辆的每个车轮外侧沿中心划"T"形线。如果是多车轮车辆，只需标划前后四个车轮即可。

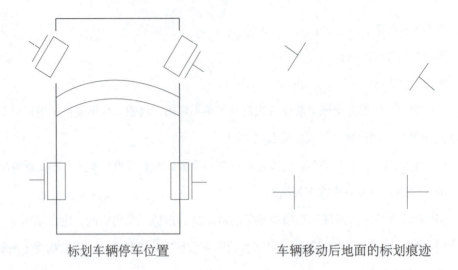

标划车辆停车位置 车辆移动后地面的标划痕迹

2．相互记下车牌号和联系方式后，在确保安全的情况下，迅速将车辆移至不妨碍交通的地点协商解决。

其他车辆遇到事故车辆撤离现场时，应当让行，确保安全。

3．确定责任并填写协议书。

4．理赔：双方车辆均在本市投保了机动车交通事故责任强制保险（以下简称交强险）的，当事人应相互查验驾驶证和保险凭证，自行确定赔偿责任，并向各自保险公司报案，在获得保险公司报案号后，填写《机动车交通事故快速处理协议书》，签字后协商办理理赔手续。

一方全责，一方无责：由事故当事人驾驶事故车辆共同到全责方保险公司办理理赔手续。

双方同等责任：双方可就近到任何一方保险公司办理定损。

理赔中特殊情况：对于无责方无损失或损失轻微，不要求赔偿的，为了保证全责方能够获得保险理赔，无责方也应当向己方保险公司报案并填写协议书。

事故当事人达成赔偿协议后，一方当事人拒不履行的，另一方当事人可持协议书到人民法院提起民事诉讼。

三、责任认定

一方当事人有下列情形，另一方当事人无下列情形的，有下列情形的一方为全部责任：

(1) 追尾的；

(2) 逆行的；

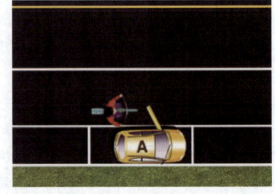

（3）倒车的；

（4）溜车的；

（5）开关车门的；

（6）违反交通信号的；

（7）未按规定让行的；

（8）依法应负全部责任的其他情形。

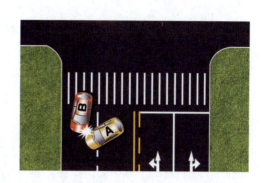

不符合前款规定的，当事人负同等责任。

四、事故现场的强制撤离

对应当自行撤离现场而未撤离的，交通警察应当责令当事人撤离现场；造成交通堵塞的，对驾驶人处以 200 元罚款；驾驶人有其他道路交通安全违法行为的，依法一并处罚。

第三节　简易和一般程序处理

一、适用简易程序处理交通事故的范围

1. 机动车与非机动车、行人之间发生的未造成人员伤亡的交通事故。

2. 机动车与非机动车、行人之间发生的造成人员受伤但受伤人员认为自己伤情轻微的交通事故。

3. 机动车之间发生未造成人员伤亡，且不具备当事人自行协商解决条件的交通事故。

二、适用简易程序处理交通事故的方法

1. 交通警察到达现场后，填写《简易程序处理交通事故认定书》（以下简称《认定书》），记录交通事故有关事实，当事人签名后撤离现场。交通恢复后，由交通警察根据当事人的行为对事故发生所起的作用以及过错的严重程度确定责任。

2. 应当事方的共同请求，交通警察对损坏赔偿当场调解一次，并在认定书上记录调解结果，由当事人签名后各自留存。当事人可持《认定书》到保险公司理赔。经交通警察调解未达成协议或达成协议后不履行的，当事人可持《认定书》向人民法院提起民事诉讼。

三、适用一般程序处理交通事故的范围

发生交通事故造成人员伤亡、重伤、轻伤及财产损失的。

机动车交通事故快速处理协议书

此协议书可以到北京交管局网站（WWW.BJJTGL.GOV.CN）、北京保监局网站（WWW.CIRC.GOV.CN/BEIJING）下载。

事故时间	年 月 日 时 分			事故地点			
代码	姓名	驾驶证号或身份证号		车辆牌号	保险公司	电话	保险公司报案号
A							
B							
C							

事故情形	1.追尾的 ☐	2.逆行的 ☐	3.倒车的 ☐	4.溜车的 ☐	5.开关车门的 ☐	6.违反交通信号的 ☐	7.未按规定让行的 ☐
	8.依法应负全部责任的其他情形 ☐			情形描述：			
	9.双方应负同等责任的 ☐			情形描述：			

伤情及物损情况	

当事人责任	A方负本起事故	B方负本起事故	C方负本起事故
	1.全部责任 ☐ 2.同等责任 ☐ 3.无责任 ☐	1.全部责任 ☐ 2.同等责任 ☐ 3.无责任 ☐	1.全部责任 ☐ 2.同等责任 ☐ 3.无责任 ☐

以上填写内容均为事实，如有不实，愿负法律责任。

A签名： B签名： C签名：

赔偿情况	自愿放弃保险索赔，自行解决协议如下： A签名： B签名： C签名：

北京市公安局公安交通管理局、中国保险监督管理委员会北京监管局监制

第五章 法律责任

第一节 行政强制措施与行政处罚

驾驶人违反道路交通安全法律法规的,应当依法承担相应的法律责任。道路交通安全违法行为人承担法律责任,主要是公安机关交通管理部门通过采取行政强制措施、行政处罚等方面来体现。

一、行政强制措施

行政强制措施的概念:道路交通行政强制措施是指公安交通管理部门为了预防或制止可能正在发生的道路违法行为,或者为了保全证据,确保交通违法案件查处工作的顺利进行,以及机动车驾驶人累积记分满12分,对当事人的人身自由及财产、证件强制限制的具体行政行为。

行政强制措施	违法行为
1、扣留车辆	(1)上道路行驶的机动车未悬挂机动车号牌,未放置检验合格标志、保险标志,或者未随车携带机动车行驶证、驾驶证的; (2)有伪造、变造或者使用伪造、变造的机动车登记证书、号牌、行驶证、检验合格标志、保险标志、驾驶证或者使用其他车辆的机动车登记证书、号牌、行驶证、检验合格标志、保险标志嫌疑的; (3)未按照国家规定投保机动车交通事故责任强制保险的; (4)公路客运车辆或者货运机动车超载的; (5)机动车有被盗抢嫌疑的; (6)机动车有拼装或者达到报废标准嫌疑的; (7)未申领《剧毒化学品公路运输通行证》通过公路运输剧毒化学品的
2、扣留机动车驾驶证	(1)饮酒后驾驶机动车的; (2)将机动车交由未取得机动车驾驶证或者机动车驾驶证被吊销、暂扣的人驾驶的; (3)机动车行驶超过规定时速50%的; (4)驾驶有拼装或者达到报废标准嫌疑的机动车上道路行驶的; (5)在一个记分周期内累积记分达到12分的;
3、拖移机动车	违反机动车停放、临时停车规定,驾驶人不在现场或者虽在现场但拒绝立即驶离,妨碍其他车辆、行人通行的,公安机关交通管理部门及其交通警察可以将机动车拖移至不妨碍交通的地点或者公安机关交通管理部门指定的地点
4、检验驾驶人体内酒精、国家管制的精神药品、麻醉药品含量	(1)对酒精呼气测试等方法测试的酒精含量结果有异议的; (2)涉嫌饮酒、醉酒驾驶车辆发生交通事故的; (3)涉嫌服用国家管制的精神药品、麻醉药品后驾驶车辆的; (4)拒绝配合酒精呼气测试等方法测试的 对酒后行为失控或者拒绝配合检验的,可以使用约束带或者警绳等约束性警械
5、收缴物品	对非法安装警报器、标志灯具的,公安机关交通管理部门应当强制拆除,予以收缴,并依法予以处罚

行政强制措施	违法行为
6、撤销机动车登记及驾驶人资格	机动车所有人以欺骗、贿赂等不正当手段取得机动车登记的，公安机关交通管理部门将收缴机动车登记证书、号牌、行驶证，撤销机动车登记。 机动车驾驶人以欺骗、贿赂等不正当手段取得驾驶许可的，公安机关交通管理部门将收缴机动车驾驶证，撤销机动车驾驶许可。

二、行政处罚

《道路交通安全法》行政处罚种类包括：警告、罚款、暂扣或者吊销驾驶证、拘留。

第二节　部分道路交通安全违法行为的处罚标准

序号	道路交通安全违法行为	处　罚
1	违反道路交通安全法律、法规关于道路通行规定	处警告或者20元以上200元以下罚款
2	饮酒后驾驶机动车	处暂扣6个月机动车驾驶证，并处1000以上2000元以下罚款
	因饮酒后驾驶机动车被处罚，再次饮酒后驾驶机动车	处10日以下拘留，并处1000元以上2000元以下罚款，吊销机动车驾驶证
	饮酒后驾驶营运机动车	处15日拘留，并处5000元罚款，吊销机动车驾驶证，5年内不得重新取得机动车驾驶证
	醉酒驾驶营运机动车	由公安机关交通管理部门约束至酒醒，吊销机动车驾驶证，依法追究刑事责任；10年内不得重新取得机动车驾驶证，重新取得机动车驾驶证后，不得驾驶营运机动车
	醉酒驾驶机动车	由公安机关交通管理部门约束至酒醒，吊销机动车驾驶证，依法追究刑事责任；5年内不得重新取得机动车驾驶证
	饮酒后或者醉酒驾驶机动车发生重大交通事故，构成犯罪	依法追究刑事责任，并由公安机关交通管理部门吊销机动车驾驶证，终生不得重新取得机动车驾驶证
3	违反道路交通安全法律、法规关于机动车停放、临时停车规定	指出违法行为，并予以口头警告，令其立即驶离
	机动车驾驶人不在现场或者虽在现场但拒绝立即驶离，妨碍其他车辆、行人通行	处20元以上200元以下罚款，并可以将该机动车拖移至不妨碍交通的地点或者公安机关交通管理部门指定的地点停放
4	上道路行驶的机动车未悬挂机动车号牌，未放置检验合格标志、保险标志，或者未随车携带行驶证、驾驶证	公安机关交通管理部门应当扣留机动车，通知当事人提供相应的牌证、标志或者补办相应手续，并处警告或者20元以上200元以下罚款
	故意遮挡、污损或者不按规定安装机动车号牌	处警告或者20元以上200元以下罚款
	公路客运车辆载客超过额定乘员	处200元以上500元以下罚款，由公安机关交通管理部门扣留机动车至违法状态消除

续上表

序号	道路交通安全违法行为	处罚
5	公路客运车辆超过额定乘员20%或者违反规定载货	处500元以上2000元以下罚款，由公安机关交通管理部门扣留机动车至违法状态消除
	货运机动车超过核定载质量	处200元以上500元以下罚款，由公安机关交通管理部门扣留机动车至违法状态消除
	超过核定载质量30%或者违反规定载客	处500元以上2000元以下罚款，由公安机关交通管理部门扣留机动车至违法状态消除
6	伪造、变造或者使用伪造、变造的机动车登记证书、号牌、行驶证、驾驶证	由公安机关交通管理部门予以收缴，扣留该机动车，处15日以下拘留，并处2000元以上5000元以下罚款；构成犯罪的，依法追究刑事责任
	伪造、变造或者使用伪造、变造的检验合格标志、保险标志	由公安机关交通管理部门予以收缴，扣留该机动车，处10日以下拘留，并处1000元以上3000元以下罚款；构成犯罪的，依法追究刑事责任
	使用其他车辆的机动车登记证书、号牌、行驶证、检验合格标志、保险标志	由公安机关交通管理部门予以收缴，扣留该机动车，处2000元以上5000元以下罚款
7	非法安装警报器、标志灯具	由公安机关交通管理部门强制拆除，予以收缴，并处200元以上2000元以下罚款
8	机动车所有人、管理人未按照国家规定投保机动车第三者责任强制保险	由公安机关交通管理部门扣留车辆至依照规定投保后，并处依照规定投保最低责任限额应缴纳的保险费的2倍罚款
9	未取得机动车驾驶证、机动车驾驶证被吊销或者机动车驾驶证被暂扣期间驾驶机动车	由公安机关交通管理部门处200元以上2000元以下罚款；可以并处15日以下拘留
	将机动车交由未取得机动车驾驶证或者机动车驾驶证被吊销、暂扣的人驾驶	由公安机关交通管理部门处200元以上2000元以下罚款；可以并处吊销机动车驾驶证
	造成交通事故后逃逸，尚不构成犯罪	由公安机关交通管理部门处200元以上2000元以下罚款；可以并处15日以下拘留
	机动车行驶超过规定时速50%	由公安机关交通管理部门处200元以上2000元以下罚款；可以并处吊销机动车驾驶证
	强迫机动车驾驶人违反道路交通安全法律、法规和机动车安全驾驶要求驾驶机动车，造成交通事故尚不构成犯罪	由公安机关交通管理部门处200元以上2000元以下罚款；可以并处15日以下拘留
	违反交通管制的规定强行通行，不听劝阻	由公安机关交通管理部门处200元以上2000元以下罚款；可以并处15日以下拘留
	故意损毁、移动、涂改交通设施，造成危害后果，尚不构成犯罪	由公安机关交通管理部门处200元以上2000元以下罚款；可以并处15日以下拘留
	非法拦截、扣留机动车辆，不听劝阻，造成交通严重阻塞或者较大财产损失	由公安机关交通管理部门处200元以上2000元以下罚款；可以并处15日以下拘留
10	驾驶拼装的机动车或者已达到报废标准的机动车上道路行驶	公安机关交通管理部门应当予以收缴，强制报废
	对驾驶拼装的机动车或者已达到报废标准的机动车上道路行驶的驾驶人	处200元以上2000元以下罚款，并吊销机动车驾驶证
	出售已达到报废标准的机动车	没收违法所得，处销售金额等额的罚款，对该机动车，公安机关交通管理部门应当予以收缴，强制报废

序号	道路交通安全违法行为	处　　罚
11	违反道路交通安全法律、法规的规定，发生重大交通事故，构成犯罪	依法追究刑事责任，并由公安机关交通管理部门吊销机动车驾驶证
	造成交通事故后逃逸	由公安机关交通管理部门吊销机动车驾驶证，且终生不得重新取得机动车驾驶证

第三节　道路交通安全违法行为的刑事法律责任

机动车驾驶人在行车过程中，有可能发生道路交通事故或触犯道路交通相关法律、法规，因此，驾驶人应充分了解《中华人民共和国刑法》《中华人民共和国道路交通安全法》及实施条例、《道路交通安全违法行为处理程序规定》《道路交通事故处理程序规定》中与驾驶人相关的条款。

刑事处罚

(1) 交通肇事罪

违反交通运输管理法规，因而发生重大事故，致人重伤、死亡或者使公私财产遭受重大损失的，处3年以下有期徒刑或者拘役；交通运输肇事后逃逸或者有其他特别恶劣情节的，处3年以上7年以下有期徒刑，因逃逸致人死亡的，处7年以上有期徒刑。

(2) 危险驾驶罪

在道路上驾驶机动车，有追逐竞驶、情节恶劣的情形或醉酒驾驶机动车的情形，处拘役，并处罚金。同时构成其他犯罪的，依照处罚较重的规定定罪处罚。驾驶机动车从事校车业务或者旅客运输，严重超过额定乘员载客，或者严重超过规定时速行驶的；违反危险化学品安全管理规定运输危险化学品，危及公共安全的，处拘役，并处罚金。

(3) 伪造、变造、买卖驾驶证罪

伪造、变造、买卖居民身份证、护照、社会保障卡、驾驶证等依法可以用于证明身份的证件的，处3年以下有期徒刑、拘役、管制或者剥夺政治权利，并处罚金；情节严重的，处3年以上7年以下有期徒刑，并处罚金。

在依照国家规定应当提供身份证明的活动中，使用伪造、变造的或者盗用他人的居民身份证、护照、社会保障卡、驾驶证等依法可以用于证明身份的证件，情节严重的，处拘役或者管制，并处或者单处罚金。有前款行为，同时构成其他犯罪的，依照处罚较重的规定定罪处罚。

(4) 组织考试作弊罪和代替考试罪

在法律规定的国家考试中，组织作弊的，处3年以下有期徒刑或者拘役，并处或者单处罚金；情节严重的，处3年以上7年以下有期徒刑，并处罚金。代替他人或者让他人代替自己参加法律规定的国家考试的，处拘役或者管制，并处或者单处罚金。

第六章 机动车基本常识与养护

汽车是由各种机构和装置组成的，其机械结构和安装位置多种多样，但一般都由发动机、底盘、车身、电气设备四大部分组成。做好汽车行驶前检查和日常保养维护，能够在很大程度上降低事故发生的概率，是安全行车的前提条件。

第一节 车辆基本构造

一、机动车以内燃机为动力装置的汽车而言，一般是由发动机、底盘、车身和电气设备四大部分组成。

1．发动机

发动机是汽车的动力装置。其作用是将燃料燃烧所产生的热能转变为机械能，并通过底盘传动系统，驱动汽车行驶。

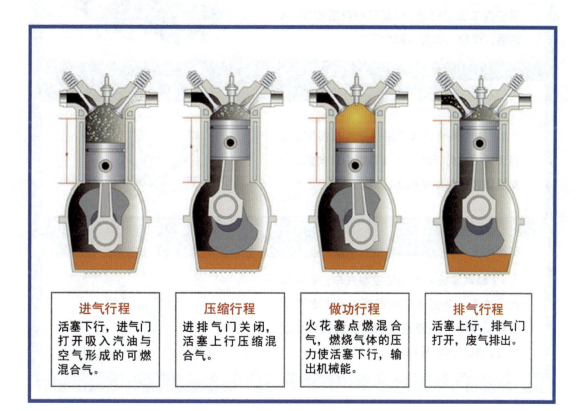

进气行程	压缩行程	做功行程	排气行程
活塞下行，进气门打开吸入汽油与空气形成的可燃混合气。	进排气门关闭，活塞上行压缩混合气。	火花塞点燃混合气，燃烧气体的压力使活塞下行，输出机械能。	活塞上行，排气门打开，废气排出。

2．底盘

底盘是汽车装配与行驶的主体，其作用是支承安装发动机、车身及其他总成与部件，形成汽车的整体造型，并接受发动机输出的动力，使汽车产生运动且保证正常行驶。底盘由传动系统、行驶系统、转向系统和制动系统四部分组成。

传动系统

（1）传动系统的作用是将发动机的动力传给驱动车轮。传动系统包括离合器、变速器、传动轴、驱动桥等部件。

行驶系统

（2）行驶系统的作用是将汽车各总成及部件连成一个整体并对全车起支承作用，以保证汽车正常行驶。行驶系统包括车架、从动桥、车轮、悬架等部件。

转向系统

（3）转向系统的作用是保证汽车按照驾驶员选择的方向行驶。转向系统由转向盘、转向器和转向传动机构等组成。

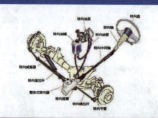

制动系统

（4）制动系统的作用是控制汽车，实现减速、停车，并保证驾驶员离去后汽车可靠停驻。制动系统包括制动踏板机构、制动主缸、制动油管等部件。

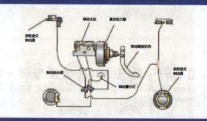

3．车身

车身安装在底盘的车架上，用于驾驶员、乘客乘坐或装载货物。轿车和客车的车身一般为整体结构，货车车身一般由驾驶室和货箱两部分组成。

4．电气设备

可划分为电源、用电设备（主要包括发动机的点火系统、起动系统以及照明、信号、辅助电器等）、电子控制装置、仪表与报警装置四大部分。

二、仪表与指示灯

（1）仪表

在汽车的仪表板上安装有各种仪表、指示灯及报警灯，用于帮助驾驶人观察和掌握汽车及各系统的工作情况，提示异常现象和故障，以便及时消除安全隐患。

速度和里程表：速度表指示汽车行驶速度，单位为公里/小时（km/h），速度表指针所指的数字显示当前车辆的行驶速度。里程表累计行驶总里程数以公里（km）为单位；日里程表用于记录一天或某段区间的里程数；按回零按钮至"0"位后重新开始计数。

发动机转速表：指示发动机的转速，单位为1000转/分（×1000r/min）；转速表指针所指的数字显示当前发动机转速。发动机运转时，转速表指针不能超过红色警示区。

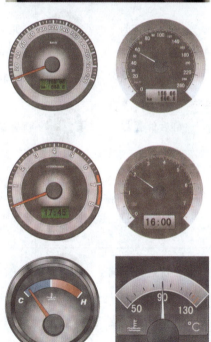

水温表：指示发动机冷却液的温度，单位为摄氏度（℃）。"C"表示温度低，"H"表示温度高，水温表指针所指的位置显示当前冷却液的温度。

燃油表：指示油箱内的燃油量。"E"（0）表示空，"F"（1/1）表示满。当指针指在红色警告线以内时，提示油箱内燃油不足，需及时加油。

空气压力表（气压制动车辆）：指示储气筒内的气压值，单位为千帕或标有"AIR"字样。气压表指针所指的数字显示储气筒内的气压值，指示范围为 $(0\sim10)\times100$ 千帕。正常行驶中制动气压要保持在 700~900 千帕范围内，起步气压值必须达到500千帕。不同车型的气压值以使用说明书为准。

(2) 指示灯及报警灯

常见各种指示灯的含义					
灯亮含义	指示灯	灯亮含义	指示灯	灯亮含义	指示灯
远光灯		前雾灯		右转向灯	
近光灯		后雾灯		左转向灯	
车灯总开关		儿童安全锁开关		制动系统故障	
危险报警闪光灯		车门锁住开锁开关		发动机控制系统故障	
前后位置灯		前窗玻璃刮水器开关		电路或蓄电池故障	
冷风暖气风扇		前窗玻璃刮水器及洗涤剂开关		发动机温度过高	
迎面空调		后窗玻璃刮水器及洗涤剂开关		冷却液不足	
地板及迎面空调		燃油量过低警告		机油压力过低或机油量不足	
地板及前窗玻璃空调		行李舱开启		未系安全带	
空气内循环		发动机盖开启		驻车制动器制动状态	
空气外循环		安全气囊处于故障状态		空滤堵塞指示灯	

续表

灯亮含义	指示灯	灯亮含义	指示灯	灯亮含义	指示灯
右侧门未关闭		防抱死制动系统故障		驱动防滑系统起作用	
左侧门未关闭		倒车灯		干燥器指示灯	
两侧车门开启或未关闭		空气滤清器堵塞		舱门指示灯	
安全门开启指示灯		发动机预热装置工作		驾驶室在翻转中或锁止不到位	
集中润滑指示灯		变速器处于低档位置		水位报警指示灯	
灯具故障或制动灯断丝		轴间差速锁结合		制动液液面过低	
轮间差速锁结合		尿素液位过低		挂车防抱死制动系统出现故障	
燃油积水指示灯		门1开启指示灯		燃油滤清器堵塞	
缓速器指示灯		门2开启指示灯		气囊故障灯（红色）	
辅助制动工作		排放系统故障		卫生间水位报警指示灯	
变速箱故障		挂车未连接上或未锁死时		电控空气悬架系统故障	
变速箱油温过高		缓速器工作			

三、操纵装置

1. 转向盘

转向盘是驾驶人操纵汽车行驶方向的装置，转向盘通过转向机构控制转向轮向右、向左转动，从而改变汽车行驶方向。

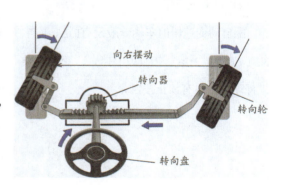

2．离合器踏板、制动踏板与加速踏板

发动机与变速器之间的动力通过离合器传递，踩下离合器踏板，离合器分离，动力被切断；抬起离合器踏板，离合器接合，动力被传递。

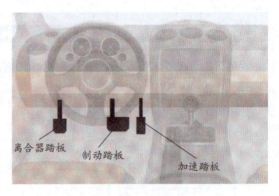

离合器踏板　制动踏板　加速踏板

制动踏板是行车制动器的操纵装置，用于汽车减速和停车。踩下制动踏板，产生制动作用，抬起制动踏板，制动解除。

加速踏板用于控制进入发动机汽缸内燃油和空气的量，发动机转速和动力会随之改变。踩下加速踏板，发动机转速提高，动力增加。反之，抬起加速踏板，发动机转速和动力下降。

3．手动变速器与自动变速箱的操纵杆及挡位

(1) 手动变速器

操纵手动变速器操纵杆，变换变速器内不同齿轮的啮合，可改变汽车的动力、速度和进退方向，使汽车加速、减速或倒车。配手动变速器的车一般设有N挡、R挡和5个（或6个）前进挡。

N（空挡）：不传递动力，供临时停车或换挡时使用。

R（倒车挡）：倒车时使用。

1～5（前进挡）：起步和行驶中使用。

(2) 自动变速器

配自动变速器的车辆一般设有P挡、R挡、N挡、D挡、2挡、1挡（或L挡），变速器操纵杆球头上设有锁止按钮。

锁止按钮

P（驻车挡）：驻车、起动发动机时使用。

R（倒车挡）：倒车时使用。

N（空挡）：不传递动力，临时停车或换挡时使用。

D（前进挡）：正常行驶中使用。

2（二挡）：上、下长坡时使用。

1 或 L（低速挡）：上、下陡坡时使用。

4、驻车制动器操纵装置

驻车制动器操纵装置控制驻车制动系统，可以使汽车可靠地停住而不溜滑。驻车制动器操纵装置一般有以下三种形式，一辆汽车上只会安装其中一种。

（1）驻车制动器操纵杆(手刹)

拉紧驻车制动器操纵杆起制动作用，放下操纵杆，制动解除。

（2）驻车制动踏板

踏下驻车制动器踏板，起制动作用；再次踏下驻车制动踏板，踏板自动抬起，制动解除。

（3）电子驻车开关按钮

目前，很多车型用电子驻车开关按钮取代了传统的驻车制动器操纵杆或驻车制动板，其优点是操作省力、节约空间。通过操纵电子驻车开关按钮，可施加驻车制动或解除驻车制动。

四、常用开关

（1）点火开关

用于接通或切断起动机、点火和电器线路。点火开关一般设有 0 或 LOCK、Ⅰ 或 ACC、Ⅱ 或 ON、Ⅲ 或 START 四个位置。

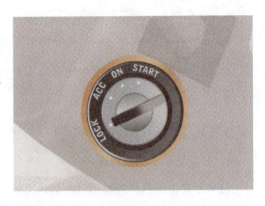

点火开关转到 0 或 LOCK 位置，发动机关闭，拔出钥匙，转向盘会锁止。

点火开关转到 Ⅰ 或 ACC 位置，发动机关闭，其他车用电器可正常使用。

点火开关转到 Ⅱ 或 ON 位置，发动机工作。

点火开关转到 Ⅲ 或 START 位置，起动机起动。

（小知识）一键起动开关

一键起动开关模式与点火开关挡位一致，钥匙在车内时，用不同方式按下"ENGINE START STOP"开关，可以选择"ACC"模式、"ON"模式或起动（START）、停熄（STOP）发动机。

（2）刮水器与洗涤器开关

刮水器与洗涤器开关控制刮水器与洗涤器，在雨天或下雪天行驶时使用，可清除风窗玻璃上的雨雪，保证驾驶人有良好的视线，拨动开关，风窗玻璃刮水器开始工作。

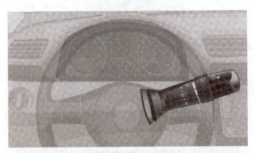

上下拨动这个开关，前风窗玻璃刮水器开始工作。

向上拨动拨杆，刮水器单次刮水一回；向下拨动拨杆有 3 个挡位，分别是间歇刮水、慢速刮水、快速刮水；将杆向内拉动，清洗液喷出。

（3）雾灯开关

打开前雾灯开关，前雾灯指示灯和前雾灯亮；打开后雾灯开关，后雾灯指示灯和后雾灯亮。部分汽车前、后雾灯只有在示廓灯、近光灯亮时才工作。

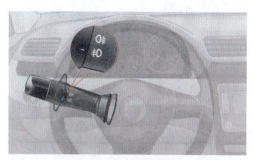

旋转开关到这一挡，汽车后雾灯亮。

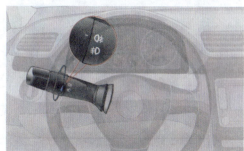

（4）灯光—信号组合开关

组合开关可控制前照灯（远光灯和近光灯）、转向灯、示廓灯和信号灯光。

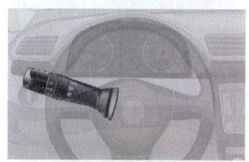

开关旋转到这个位置时，前照灯点亮。

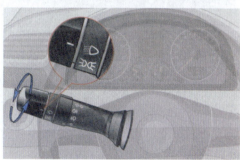

将转向灯开关向上提，右转向灯亮。

将转向灯开关向下拉，左转向灯亮。

（5）除雾器开关

除雾器开关控制汽车除雾器的工作，用于减少前、后风窗和车外后视镜表面上的湿气、雾气和霜，以改善视线。有的车型还设有风量调整钮、温度调整钮、送风开关、冷气开关。

按下除雾器开关，指示灯点亮，除雾器工作大约15分钟，超过预定时间后，除雾器将自动关闭。要手动关闭除雾器，再次按下除雾器开关即可。按下这个开关，前风窗玻璃除雾器开始工作。

按下这个开关，后风窗玻璃除雾器开始工作。

五、安全装置

（1）头枕

座椅上头枕的主要作用是汽车被追尾时，有效保护驾驶人和乘车人的颈椎。调整头枕高度时，保持头枕中心与后脑中心平齐，才能发挥保护作用。

（2）安全带

座椅安全带的作用是在汽车发生碰撞或紧急制动时，固定驾乘人员位置，减轻对驾乘人员的伤害。驾驶人、乘车人在汽车行驶前，系好安全带是最有效的自我保护方法，在遇到意外危险情况时可避免受到致命的伤害。

（3）安全气囊

汽车发生碰撞时，安全气囊迅速膨胀，在驾驶人、乘车人的正面形成一个气垫（安装有侧面安全气囊的，在驾驶人和乘车人侧面也会形成气垫），从而降低人体受伤害的程度。

安全气囊与安全带要配套使用，如果不系安全带，气囊引爆时会对驾乘人员头部和颈部造成严重伤害，这种伤害对儿童可能是致命的。

（4）儿童安全座椅

儿童安全座椅系于汽车座位上（应当置于后排座位上），供儿童乘坐，有束缚设备，能在发生车祸时最大限度保障儿童的安全。一般要单独购买、安装。

（5）防抱死制动系统(ABS)

防抱死制动系统（ABS）的作用是保证车辆在任何路面上进行紧急制动时，防止车轮抱死，保持前轮转向能力，消除制动过程中的跑偏、侧滑等非稳定状态，并获得良好的制动效果。

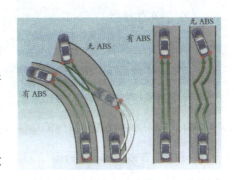

安装ABS的车辆紧急制动时，可用力踏制动踏板，但在紧急制动的同时转向，车辆还可能侧滑。另外，不要依赖ABS缩短制动距离，尤其是在冰雪路面上紧急制动时，ABS无法有效缩短制动距离。

(6) 客车制动系统

大中型客车通常采用双管路制动系统。双管路制动系统主要由空气压缩机及调节器、双腔制动控制阀、储气筒和彼此独立的制动管路组成，分别控制前后轮和驻车制动器气室，客车后轮制动器兼作驻车制动器。空气压缩机产生的压缩空气，经调压器储存在前桥、后桥、驻车制动和车门储气筒中。

① 踏下制动踏板，控制阀工作，前桥、后桥储气筒中的压缩空气经制动控制阀分别进入前轮和后轮的制动器气室，使前轮和后轮产生制动。松开制动踏板，制动器气室内的压缩空气经制动控制阀排入大气中，制动解除。

② 将大型客车停稳后，向后拉动驻车制动器操纵杆，后轮制动。向前推动驻车制动器操纵杆，驻车制动解除。

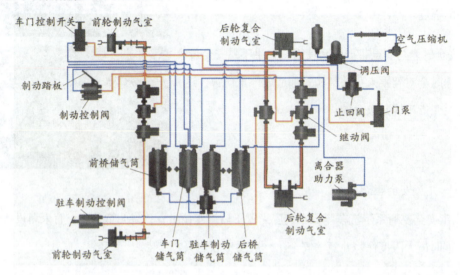

(7) 客车缓速器

缓速器是一种有效的辅助制动系统，通常安装在汽车变速器后端、传动轴或后桥输入端位置。常用的电涡流缓速器，由固定在车辆底盘上的定子（内置若干励磁线圈）和与传动轴连接的转子组成。定子线圈通电后产生磁场，对在磁场中旋转的转子形成迫使车辆减速的电磁阻力矩，即制动力矩，起到制动作用。

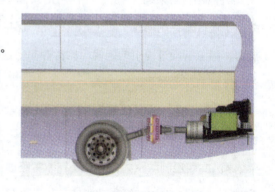

缓速器操纵开关通常设有0、1、2、3、4共5个位置。开关处于0位置时，缓速器不工作，开关处于其他位置时，制动强度随挡位增大而增大。

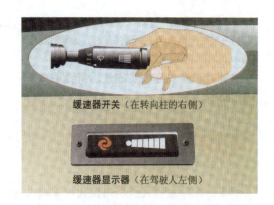

缓速器开关（在转向柱的右侧）

缓速器显示器（在驾驶人左侧）

缓速器可以解决客运车辆频繁制动或者下长坡制动时，行车制动器因长时间工作造成制动鼓和摩擦片过热，导致制动效能下降，甚至丧失制动能力，给车辆安全性带来严重威胁的问题。

在山区道路下长坡需要减速慢行时，操纵缓速器开关选择不同的制动强度，控制车速。一般将缓速器控制开关置于中间位置，可获得稳定的车速。车辆转弯或雨雪天在湿滑路面上行驶时，要关闭缓速器控制开关，利用行车制动器进行制动。

六、汽车运行材料

1. 汽油

车用汽油一般有 90 号、93 号和 97 号。2012 年 5 月 31 日起，北京市正式实施新标准，牌号变更为 89 号（即 90 号）、92 号（即 93 号）和 95 号（即 97 号），可有效降低机动车排放污染。汽油牌号越高，其抗震性能越好。

2. 机油

机油，即发动机润滑油，被誉为汽车的"血液"，能对发动机起到润滑、清洁、冷却、密封、减磨等作用。号数越大，机油的黏度越高。

3. 冷却液

冷却液由水、防冻剂、添加剂三部分组成。水与防冻剂的比例不同，冷却液的冰点也不同。选用冷却液要按照汽车使用说明的要求选用，并定期更换规定牌号的冷却液，不同牌号的冷却液不能混用。

4. 玻璃清洗液

玻璃水主要由水、酒精、乙二醇、缓蚀剂及多种表面活性剂组成。分为夏季用和冬季用两种，根据气候变化选用，但要尽量避免牌号的混用。

第二节 车辆检查与维护保养

为保障车辆安全、可靠地运行，要使车辆经常处于良好的技术状况，符合机动车安全运行技术标准，除应对车辆进行定期的检修保养外，还应结合进行预防性的日常检查维护。由驾驶员在出车前、行驶途中、收车后三个阶段进行，重点是清洁、检查燃油及润滑油。

一、出车前检查

出车前的检查有驾驶室内检查、发动机舱检查、车辆外部检查、轮胎检查。发动机舱的检查包括玻璃清洗液、机油、冷却液、蓄电池液、制动液、风扇传动带等项目。

1．润滑油的检查

检查发动机机油时，应把车辆停放在平坦的地方，在发动机未启动前或熄火 30 分钟后进行。把机油尺拔出，擦去表面上的机油，再从机油尺管口插到底，然后再拔出机油尺，检查油迹，不低于机油尺刻度的 1/2。

2．燃油的检查

通过查看汽油表检查燃料油量，一般不要使燃料油量接近警戒线。

3．检查冷却液

检查散热器和冷却水贮水罐的冷却水量及风扇、水泵等有无松旷漏水。

4．制动系

检查手制动是否可靠。液压式制动装置是否完好，制动液是否充足。

5．喇叭音响

喇叭有无单音、发哑。气压制动的低压报警装置是否完好。

6．照明设备

转向灯、大灯、制动灯各种照明装置是否完好。

7．刮水器

检查刮水器工作是否正常。

8．转向装置

检查方向盘自由行程大小，横直拉杆松紧度。方向盘最大自由转动量从中间位置向左右各不得超过 15 度。

9．仪表

检查各种仪表工作是否正常。

10．轮胎

检查轮胎气压是否符合标准，轮胎螺母坚固情况，检查轮胎外表有无刮伤，清理胎纹间杂物。如果轮胎胎侧有顺线裂口，容易引起爆胎，应当及时换胎。检查轮胎时，从轮胎表面到沟槽底部的橡胶厚度应不低于 1.6 毫米，否则应更换轮胎。

轮胎磨损指示器：1.6mm

二、行车中检查

仪表工作是否正常，转向系统、制动系统是否正常，发动机、底盘运转中有无异响和异常气味。

三、收车后检查

检查各部位有无漏水、漏油、漏气现象，前后制动盘鼓有无过热现象。

文明驾驶是社会文明在驾驶机动车这一行为上的具体体现，它是一个城市文明的"窗口"和"名片"，也是一个城市市民道德素质的重要标志，社会发展到较高阶段表现出来的一种状态。交通文明是整个社会文明的重要组成部分。

第一部分 文明驾驶

第一节 机动车驾驶人应树立的文明驾驶意识

当前我们交通参与者的法制意识、文明意识、道德观念、社会公德还有待提高。在交通参与者中，重中之重是要求机动车驾驶人要有良好的交通文明意识和道德观念。机动车处于强者的位置，是道路交通的主要组成方式，机动车交通秩序的好坏，直接影响整个交通秩序。目前，机动车驾驶已成为现代人的基本技能之一，驾驶人的非职业化人群大大高于职业人群；对职业化驾驶人的文明与职业道德教育，已扩展为对所有掌握机动车驾驶技术人群的文明驾驶和道德教育，这种社会化教育占有极其重要的位置。

文明驾驶意识包括：

（一）守法意识

《中华人民共和国宪法》规定：公民"必须履行宪法和法律规定的义务"。作为机动车驾驶人，就必须履行我国交通安全法律法规所规定的义务，如不履行义务，违法交通法规，本身就不文明、不道德，同时还会受到处罚。例如，交通安全法规定不准酒后驾车，而有人偏要这样做，这种人不仅要受到社会的谴责，还要受到法律的制裁。

所以，我们要求所有的机动车驾驶人，要有较强的守法意识，认真履行法律法规的义务，自觉按法规规定办事，法所规范的坚决做到，法所禁止的坚决不做，这是对机动车驾驶人最基本的道德要求。

（二）道德意识

机动车驾驶人应当成为交通参与者中最有修养、最讲文明、最讲道德的人。因为，驾驶人的一些不良行为会引发对社会及交通安全的危害，如故意别车斗气的行为，行至水坑时不减速，将脏水溅到别人身上的行为等。这些行为虽不违法，但缺"德"，是社会所不允许的。

（三）安全意识

安全意识对机动车驾驶人来讲更为重要，它贯穿驾驶行为的始终，保证安全是机动车驾驶人的法定义务，是社会对机动车驾驶人的基本要求，同时也是对驾驶人自身的关爱。对驾驶机动车来说，安全意识是永恒的，安全教育是终身的。有了安全就会凸显机动车有益于人类社会的方方面面，而一旦不安全，结果是人员的伤亡和财产的损失。

（四）首都意识

北京是我国政治文化、对外交往的中心，是国际化的大都市，而交通又是这个大都市的"窗口"。在北京，驾驶机动车比外埠的要求更高、更强，交通秩序的好坏，直接影响着国家的形象，而交通秩序的重要组成部分是机动车交通，所以，机动车驾驶人有着更多的责任。

首都无小事，交通无小事，小违法会酿成大事故，小事故会造成大影响。只有每个驾驶人都懂得这一点，懂得在北京驾车的特殊性、守法驾驶、文明驾驶，才能真正成为一名合格的首都驾驶人。

第二节　文明驾驶

一、文明礼让

1．遇非机动车抢行时，应减速让行；

2．车辆在交叉路口有优先通行权的，遇有车辆抢行时，应减速避让，必要时停车避让；

3．车辆在较窄的山路上行驶时，如果靠山体的一方不让行，应提前减速或停车避让；

4．车辆驶近人行横道时，先减速注意观察行人、非机动车动态，确认安全后再通过；

5．驶近没有人行横道的交叉路口时，发现有人横穿道路，应减速或停车让行；

6．车辆行至交叉路口，遇有转弯的车辆抢行时，应停车避让；

7．行车中遇列队横过道路的学生时，应停车让行；

8．当驾驶车辆行经两侧有非机动车行驶且有积水的路面时，应减速慢行；

9．绿灯亮时，车辆前方人行横道仍有行人行走，应等行人通过后再起步；

10．行车中，发现行人突然横过道路时，应迅速减速避让；

11．通过交叉路口遇行人正在通过时，应停车让行；

12．车辆临时靠边停车后准备起步时，应先观察周围交通情况，确认安全后再起步；

13．变更车道时不可在开启转向灯后迅速转向驶入相应的行车道；

14. 驾驶车辆通过人行横道时，应注意礼让行人。

二、常见不文明行为

1. 随意向车外抛掷杂物、吐痰和抛撒烟蒂等；

2. 开车时打电话、抽烟或其他影响安全行车的行为；

3. 通过无信号灯的路口不按规定让行；

4. 驾驶机动车不礼让在斑马线上通行的行人；

5. 不按顺序停车排队等候红绿灯、乱插队；

6. 压线或跨线行驶；

7. 乱停乱放车辆；

8. 变线或转弯不开启转向灯。

三、几种常见的交通违法行为

1. 违反规定使用专用车道；

2. 遇前方机动车停车排队等候或者缓慢行驶时，在人行横道、网状线区域内停车等候；

3. 机动车违反规定停放、临时停放且驾驶人不在现场；

4. 在禁止掉头或者禁止左转弯标志、标线的地点掉头；

5. 路口遇有交通阻塞时未依次等候；

6. 机动车违反交通信号指示。

第三节　防御性驾驶

一、安全驾驶，防御为先

高速行驶的机动车，在千变万化的道路交通中想保证安全行驶，除了遵守法律法规的前提下还要有安全驾驶的意识。

目前，最提倡的安全行车理念是防御性驾驶。防御性驾驶的含义：驾驶人在行车过程中，能够准确地"预见"其他驾驶人、骑车人、行人由于路况或不良气候等情况的影响可能引发的危险，并能及时采取必要、合理、有效的措施，防止事故的发生，这种可避免交通事故发生的驾驶方法就是防御性驾驶。

二、防御性驾驶的五大要领

1. 预估风险——场景预估中的安全动作备刹

无论是在家，还是在外面，遭遇风险的几率都会存在，更别说是开着车，很多时候事故的发生，正是没有提前预估风险，导致没有反应的机会。比如说看到前方有路口，前方是住宅区、学校或者人员密集的地方，要提前预估可能遭遇的情况发生，例如行人或者车辆突然地窜出等等，这就是预估风险。当然，除了这种情况，在行车的任何时候，都要对接下来的行车路程作出风险预估。

2．放眼远方——开阔视野杜绝凝视过长

很多人在驾车时，只注意前方的一辆车，这样很容易引发追尾等交通事故。正确的做法是，无论是在市区道路还是高速公路行驶时，视野应该放在更远的地方。跟车时，只盯着前方车辆，如前方车辆遇障碍物或紧急情况突然变道时，后车则来不及反应，从而出现交通事故。

3．顾全大局——环绕视觉后的评估

这个是上面一条防御性驾驶行为的进阶版，也可以说成是顾全大局，在观察远方情况的同时，环顾所驾驶车辆的四周情况，比如前方右边有行人蠢蠢欲动的想过马路，左边有车辆蠢蠢欲动的想变道，你的侧后方车辆与你所驾驶车辆的距离等等，这些情况都要收入眼底，随时作出应变的措施。

4．留有余地——不要把你的能力、环境用绝

在高速公路驾车行驶时，驾驶人经常可以看到路边设置的车距确认标志及地面设置的车距确认标线，这就充分说明，在行车过程中车距对安全的重要性。如果没有保持足够的车距，即使你做到的前面所说的三条，那么，根据人所需要的反应时间，是无法马上做出合理、安全的反应动作，更多是的慌乱补救。

5．引人注意——对预估冲突对象的提醒

在行车中，即使自己驾驶行为有足够好，但是不代表其他的人的驾驶素养好。很多时候会因为在聊天或者在看手机，或者分神，而没有注意到其他车辆导致事故发生。因此，在发现周边车辆出现不寻常的情况时，要及时提醒。另外，在雨雾天气，更是要合理运用灯光来警示其他社会车辆注意到自己。

总之，天下行车，唯防不破。驾驶车辆在复杂的道路行驶要做到防御为先、有备无患，不要太过相信自己对他人行为的预判，更不能心存侥幸。要留有余地。要随时调整跟车距离。在任何时候，车的前后、左右都应保持安全距离。避免并排行驶和视线盲点，留有逃生通道。随着外界环境的改变来调整驾驶、减速或保持空间。任何时候感觉到潜在危险，脚应立即放在刹车上，这个简单动作意义重大。

保证安全行车是驾驶人的法定义务，是社会对驾驶人的基本要求，同时也是对驾驶人自身的关爱，对驾驶机动车来说安全意识是永恒的。驾驶人除了应严格遵守道路交通安全法律法规之外，还要牢记谨慎驾驶的黄金三原则：集中注意力、仔细观察、提前预防。

第一节　高速公路安全驾驶常识

（一）车辆在驶入高速公路前，应对车辆做全面检查，特别要注意检查轮胎的气压，防止爆胎。检查制动效果，发现有异常一定要进行维修，确保车况良好。

（二）在高速公路行驶，要严格遵守最高和最低的限速规定，经过弯道、隧道口等路段时，还应注意特殊速度的要求。

（三）严禁在高速公路行车道停车。如车辆发生异常，应该及时打开危险报警闪光灯提示后车，停在最近的右侧路肩或应急车道，并在车后150米以外设置警告标志。夜间还应当同时开启示廓灯和后位灯。驾驶人和乘车人应当迅速离开车辆转移到右侧路肩、应急车道内或护栏以外，并且迅速报警。在转移时注意避让来往车辆。

（四）注意安全车距。行驶中要注意同前车及两侧车辆保持安全距离。例如，车速是每小时100公里时，应与前车保持100米以上距离，横向安全间距不得小于1.5米。

（五）行车中如需制动，应多次轻踩制动踏板，如使用紧急制动会增加车辆跑偏和侧滑的概率，使汽车方向难以控制。

（六）机动车驶离高速公路行车道时，应提前开启右转向灯，驶入减速车道，在进入匝道之前将车速降到标志规定的速度以下。如果因疏忽驶过出口，应继续向前行驶，寻找下一出口驶离。

第二节　山区道路安全驾驶常识

山区道路坡长弯急，危险路段多，驾驶人更应注意观察路面情况，准确操作，以保障安全。

一、坡路

上坡时，应根据坡度的陡缓选用挡位，坡度越陡，挡位越低，应及时减挡使车辆保持充足的动力，加速冲坡。

行经下坡路时，应充分利用发动机进行制动，不可空挡滑行。通过较长而陡的下坡路，应断续制动，在下坡道上临时停车时，踏制动踏板要比在平路时提前，停稳后，使发动机熄火，使用驻车制动器，将变速杆挂入倒挡。

二、跟车、超车、会车和停车

1. 在山区道路跟车行驶或遇上坡中途停车时，应适当加大与前车的安全距离，防止前车在起步时溜车。

2. 在山区道路超车时，应选择宽阔缓上坡路段，在超车前要提前开启左转向灯、鸣喇叭，确认安全后超车，下坡路时不得超车。

3. 会车时需"礼让三先"，先慢、先让、先停。山区道路会车时，应当提前减速并选择安全的地方避让，靠山体一侧的车辆要让不靠山体一侧的车先行，做到"减速、鸣喇叭、靠右行"。

4. 机动车通过山区危险路段，应谨慎驾驶，避免停车，尤其是通过经常发生塌方、泥石流的地段，应尽快驶离，不能停车。

第三节　通过桥梁、隧道的安全驾驶知识

一、桥梁

车辆行经桥梁时，应按交通标志所示，安全通过。车辆通过立交桥时，应减速行驶。一般情况下，右转弯时应在进入桥区前向右进入匝道，完成右转弯；左转弯时，应驶过桥后向右转弯进入匝道，完成左转弯。

二、隧道

1．进入和驶出隧道时，存在暗明适应过程。

2．通过单向行驶的隧道时，应严格按信号灯的指挥通行，并注意观察对向有无来车，如发现对向有来车时，应在隧道外靠右停让。

3．驶入双向行驶隧道前，应开启示宽灯或近光灯，靠右侧行驶，会车时注意保持横向的安全间距。

第四节　夜间安全驾驶知识

一、夜间对安全驾驶的影响

1．相对白天而言，夜间行车，车辆灯光照射的范围小，驾驶人的视野受限，很难观察到灯光照射区域以外的交通情况，因此要减速行驶。

2．夜间由于灯光亮度有限，驾驶人对事物的观察力明显比白天差，使视力下降，视野变窄，视距变短，很容易产生视觉疲劳，不易长时间驾驶车辆，还应注意夜间驾驶灯光必须齐全、有效。

二、夜间安全驾驶知识

1．夜间车辆起步前，应当先开启近光灯。

2．夜间在没有照明条件的道路行车，当车速低于每小时30公里时，可使用近光灯；当车速高于每小时30公里时，可使用远光灯，尾随前车行驶时，后车应将远光灯改用近光灯。

3．夜间车辆通过照明条件良好的路段时，应使用近光灯；通过没有路灯或路灯照明不良的路段时，应将近光灯转换为远光灯，但同方向行驶的后车与前车近距离行驶时不得使用远光灯。

4．夜间行车中，如果灯光照射离开路面，表示车辆行驶到坡顶，也有可能是前方出现大坑。

5．夜间行车中，前方出现弯道时，灯光照射由路中移到路侧。

6．夜间会车时，应当在距对方来车150米外改用近光灯；对面来车的灯光会造成驾驶人炫目而看不清前方的交通情况，驾驶人不要直视对面车辆灯光，应将视线右移，避开对方车辆灯光，并减速行驶；若对方车辆不关闭远光灯，可连续变换灯光提示对向车辆，同时减速靠右侧行驶或停车，以防止两车灯光的交汇处有行人通过时发生事故。在窄路、窄桥与非机动车会车时应使用近光灯。

7．夜间行车，要尽量避免超车，如需超车，要正确判明前方情况，确认具备超车条件，并连续变换远近光灯，必要时以喇叭配合，示意前车避让，在判定前车确已让路、让速允许超越时，方可超车。在超车中应适当加大行车间距。

8．在风、雪、雨、雾天气的夜间行车时，应使用防雾灯或近光灯。

9．夜间通过无交通信号控制的交叉路口时，可用变换远近光灯示意其他车辆和行人注意。

10．夜间行车特别要注意路边的行人，例如，很多老年人喜欢穿深颜色的衣服，这在夜间很不容易被发现，而且他们的听觉和视觉较差；注意是否有逆行的行人、坐在路边的行人以及堆放在路边的沙砾等杂物。

第五节　恶劣气象和复杂道路条件下的安全驾驶知识

一、恶劣气象条件下的安全驾驶知识

1．雨天行车

（1）雨天行车对安全的影响

1）道路湿滑，车轮与地面的附着力下降，纵向安全距离是干燥路面的1.5倍。

2）刚下雨的路面最易发生侧滑。

3）不易观察到积水路面下的暗坑。

4）受雨具影响，行人和骑车人的警觉性降低。

（2）雨天安全行车方法

1）车辆经过漫水路后，应间断轻踏制动器，排干水分，保障制动效能。

2）在大雨天气，为避免发生"水滑"而造成危险，要控制车速行驶。

3）雨刮器失效或者不能满足能见度要求时，应减速靠边停驶。

4）遇连续降雨天气，山区公路可能会出现路肩疏散和堤坡坍塌现象，行车时应选择道路中间坚实的路面行驶。

2．冰雪道路行车

（1）雪天行车，为预防车辆侧滑或与其他车辆发生刮碰，应减速行驶并保持安全距离。

（2）起步和行驶过程中禁止猛抬离合器、急减速、急刹车，应稳住油门匀速行驶。在有车辙的路段应循车辙行驶。

（3）在山区冰雪道路上行车，遇有前车正在爬坡时，后车应选择适当停车地点，等前车通过后再爬坡；行经山区低等级冰雪道路爬坡时，上坡车应让下坡车先行。

3．雾天行车

雾天行车，能见度低，应及时开启雾灯、危险报警闪光灯、示廓灯和近光灯。适当控制车速，行车中多使用喇叭可引起对方注意，听到对方车辆鸣喇叭，也应鸣喇叭回应。遇有浓雾或特大雾天，能见度过低，行车困难时，应选择安全地点停车。

4．刮风天气

（1）大风天气行车，当感到转向盘突然"被夺"时，一定要双手握稳转向盘，适当缓慢修正并减速慢行。

（2）顺风时，非机动车速度较快，不要与之争道抢行；逆风时，骑车人为减少阻力，一般是埋头骑行，很少抬头，靠边停车时应注意避让。

二、复杂道路条件下的安全驾驶知识

1．汽车通过傍山险路等危险路段，应低速行驶，双手稳握转向盘，谨慎驾驶。

2．车辆通过涉水路段。

1）涉水前，应查明水情。如果水深超过轮胎二分之一处，不宜冒险通过。

2）涉水时，应挂低速挡平稳驶入水中，避免大轰油门或猛冲，防止水花溅入进气口使发动机熄火。行驶中，要稳住油门，保持汽车有足够而稳定的动力，一次通过，尽量避免中途停车、换挡或急转弯。如汽车在水中熄火，切不可立即启动，以免严重损伤发动机，而应尽快采取措施把汽车拖到积水少的安全地点。因车辆涉水时，制动盘鼓可能受到水的浸泡，制动效能降低。车辆涉水后，应保持低速行驶，间断轻踏制动踏板，以恢复制动效果。

3．车辆行至泥泞或翻浆路段时，应停车观察，选择平整、坚实或有车辙的路段通过。遇车轮出现空转打滑时，应挖去泥浆，铺上沙石草木。

4．车辆通过较大坑洼或较宽沟槽时，减速驶入，挂低速挡通过。

5．在铁路道口内，车辆出现故障无法继续行驶时，应尽快设法使车辆离开道口。

第三部分 紧急情况处置

面对千变万化的道路交通状况，驾驶人除了应严格遵守交通法规和熟练掌握驾驶技术外，还应具备处理突发交通情况的知识与较强的应变能力，遇有紧急情况时，才能采取得当的处置措施，有效地减少和避免交通事故的发生。

第一节　紧急情况处置原则

遇紧急情况，应沉着冷静，迅速判断，准确操作。并遵循以下原则：

一、先人后物

二、避重就轻

三、控制方向

1.车辆在正常行驶速度下的紧急避险，应先控制方向后制动。

2.车辆在高速行驶状态下的紧急避险，应先制动减速后转向避让。因为在高速时急转向，极易造成车辆侧滑相撞或在离心力作用下侧翻的事故。

第二节　行车中常见紧急情况处置

车辆在行驶中，往往会由于机件失灵出现紧急情况，极易发生交通事故。如果驾驶人能够采取得当的应急措施，可以避免发生交通事故或减少损害后果，保证人员和车辆的安全。

一、轮胎漏气、爆胎的应急处置

1. 如果在行驶当中发现轮胎漏气，应紧握转向盘，慢慢制动减速，极力控制行驶方向，尽快驶离行车道。驶离主车道时，不可采取紧急制动，以免造成交通事故。

2. 后轮胎爆裂时，应保持镇定，双手紧握转向盘，极力控制车辆保持直线行驶，减速停车。

3．当意识到前轮胎爆裂时，应双手紧握转向盘，松抬加速踏板，极力控制车辆直线行驶。前轮爆裂时，危险较大，一定要极力控制转向盘，迅速抢挂低速挡。前轮胎爆裂已出现转向时，不要过度矫正，应在控制住方向的情况下，轻踏制动踏板，使车辆缓慢减速。

4．行车中发生爆胎时，尽量采用"抢挡"的方法，利用发动机制动使车辆缓慢减速，切忌慌乱中急踏制动踏板，以避免车辆横甩发生更大的险情。

5．行车中轮胎突然爆裂时的正确做法是保持镇静，缓抬加速踏板，紧握转向盘，控制车辆直线行驶，待车速降低后，再轻踏制动踏板。

6．轮胎气压过低时，高速行驶轮胎会出现波浪变形，温度升高而导致爆胎。

7．避免爆胎的正确做法是定期检查轮胎，及时清理轮胎沟槽里的异物，更换有裂纹或有很深损伤的轮胎。

二、转向失控下的应急处置

转向突然失去控制时，驾驶人切不可惊慌失措，要沉着冷静判明险情程度，采取应急措施，避免险情加剧。若车辆和前方道路情况允许保持直线行驶时，不可使用紧急制动，应立即松抬加速踏板，抢挡减速，均匀而用力拉紧驻车制动器进行辅助；当车速明显减弱时，轻踏制动踏板，缓慢平稳地停车。当车辆已偏离直线行驶方向，事故已经不可避免时，应果断地连续踩踏制动踏板，使车辆尽快减速停车，尽量缩短停车距离，减轻撞击力度。在采取应急措施的同时，应当开启危险报警闪光灯。

三、制动失效

1．驾驶人发现车辆突然制动失灵、失效时，要沉着冷静，握紧转向盘，立即松抬加速踏板，利用发动机牵阻制动，尽可能利用转向避让障碍物。同时利用驻车制动器或"抢挡"等方法，设法减速停车。若是液压制动车辆，可连续多次踩踏制动踏板，以期制动力的积聚而产生制动效果。使用驻车制

动器不可将操纵杆一次拉紧，一次拉紧容易将驻车制动盘"抱死"，损坏传动机件，丧失制动力。

2．下坡路行驶中若制动突然失效，应迅速逐级或越一级减挡，但不可以越多级减挡，寻找利用避险车道停车，在不得已的情况下，可将车身靠向山坡、岩石、树木碰擦，迫使机动车减速停车。

四、发动机突然熄火

行车中发动机突然熄火后，应立即开启危险报警闪光灯，减速慢行，将车辆移到不妨碍交通的地点停车，在车后放置警告标志，再进行故障车的检修。

五、车轮侧滑及处置

（一）车轮侧滑

1．车辆侧滑一般是由转弯时速度过快、转向过急、制动过猛或擦撞引起的，而易发生侧滑的路面是下雨开始时的路面，由于雨水与路面上的尘土混合，形成"润滑剂"，使路面异常溜滑。

2．车辆因转向或擦撞引起侧滑时，驾驶人不要惊慌，应迅速抬起加速踏板，但不可使用行车制动器进行紧急制动，因紧急制动的反作用力，会使车轮与路面附着力变小，加重侧滑。

3．车辆速度超过每小时60公里时，未安装制动防抱死装置系统（ABS）的车辆紧急制动易导致侧滑或甩尾等危险情况。

（二）侧滑时的应急处置

1．车辆发生侧滑时应立即松抬制动踏板。未安装防抱死制动装置（ABS）的机动车，在冰雪路面制动时，要轻踏或间歇踩踏制动踏板，以免车轮抱死。

2．车辆在泥泞路行车、冰雪路面转弯发生前轮侧滑时，应向侧滑相反方向转动方向盘修正。

3．若后轮侧滑，应向侧滑相同方向转动方向盘修正。

第三节　车辆发生事故时的应急处置

一、碰撞时的应急处置

1．车辆在会车、超车或避让建筑物时，车辆之间或与其他物体容易发生刮碰现象，行车中与其他车辆有迎面碰撞可能时，应先向相对安全一侧稍转方向，随即适量回转，并迅速踩踏制动踏板。

2. 若无法避免与来车正面相撞时，应紧急制动，以减少正面碰撞力，应在迎面相撞发生的瞬间，迅速放开转向盘，并抬起双腿，身体侧卧于右侧座位上，避免身体被转向盘抵住。

3. 车辆发生撞击的位置不在驾驶人一侧或撞击力量较小时，应紧握转向盘，两腿向前蹬，身体向后紧靠座椅。

二、车辆侧翻时的应急处置

1. 车辆向深沟连续翻滚时，身体应迅速躲向座椅前下方，抓住固定物将身体稳住，避免身体滚动受伤。

2. 当感到不可避免地要被抛出车外时，应在被抛出的瞬间，猛蹬双腿，增加向外抛出的力量，借势跳出车外。跳出车外落地后，应力争双手抱头顺势向惯性力的方向多滚动一段距离，以躲开车体，增大离开危险区的距离。

3. 发生缓慢翻车有可能跳车逃生时，应向翻车相反方向跳车。

三、车辆发生火灾

1. 发动机着火时，严禁开启发动机罩灭火；车辆燃油着火时，不能用水灭火；含酒精的防冻液着火时，可立即用水浇泼着火部位，以冲淡酒精防冻液的浓度。

2. 车辆发生火灾时，应设法将车辆远离城镇、建筑物、树木、车辆及易燃物的地带，及时把事故情况和地点通报给救援机构。在高速路上发生火灾时，不可将车驶进服务区或停车场。驾驶人在撤离着火车辆前，应关闭点火开关并设法关闭油箱开关。

3. 驾驶人在灭火时应脱去所穿的化纤服装，注意保护暴露在外面的皮肤，不要张嘴呼吸或高声呐喊，以免烟火灼伤呼吸道。使用灭火器灭火时人要站在上风处，灭火器对准火源。

四、车辆落水的应急处置

当车辆不慎落水后，驾驶人应保持冷静，应设法及时逃离。遇水较深时，待水快浸满车厢时，开启车门逃生。车门无法打开时，可选择敲碎侧窗玻璃的自救方法逃生。

车辆刚落水时，要尽快设法打开车门逃生。如果车门因水压太大无法开启时，要等到水快浸满车厢时，再设法开启车门逃生。如果车门仍无法开启时，驾驶人可以利用车内的安全锤或螺丝刀等坚硬物品敲击侧窗玻璃四个边角破窗逃生。安全顶窗也可作为逃生的撤离通道。将扳手旋转90度，用力向外推出天窗，即可打开进生通道。

车辆落水后，一定要保持冷静，不要惊慌，要迅速辨明自己所处的位置，确定逃生的路线方案；要调整好自己的呼吸，始终将口鼻保持在水面之上；要充分抓住逃生时机，以设法逃生作为第一准则。

第四节　高速公路紧急避险

高速公路由于车辆行驶速度快，出现紧急情况时一旦避险措施不力，发生事故后所造成的后果是严重的，所以要果断采取损失小的避让措施。

1. 雨天高速行车会出现"水滑"现象。随着车速增加，轮胎与路面之间形成水膜，附着力变小。驾驶人应握稳转向盘，逐渐降低车速，不要急踩制动踏板或猛打方向。

2. 高速公路遇到突发情况须停车检查时，应在应急车道停车，驾乘人员在条件许可的情况下应迅速转移到右侧护栏外等候救援。

3. 在高速公路遇突然情况必须停车时，应及时逐渐向右变更车道停车。车辆如果因故障不能离开高速公路车行道时，立即开启危险报警闪光灯，在来车方向150米以外设置警告标志，在夜间须开启示廓灯和后位灯。

4. 大雾天在高速遇事故不能继续行驶时，开启危险报警闪光灯和后位灯，在车后150米以外设置警告标志，车内人员快速从右侧离开车辆，站到护栏以外。

雾天开车以前，一定要擦干净玻璃！

5. 高速公路上发生紧急情况，不要轻易急转方向避让，应采取制动减速，使车辆在碰撞前处于低速或停止状态，减小撞击力度降低损害程度。如急转向极易造成侧滑或侧翻。车辆在高速意外撞击护栏时，应稳住方向，适当修正，切记猛转方向。

6. 高速公路上除遇障碍、发生故障等必须停车外，不准停车上下人员或者装卸货物。

第五节　危险化学品运输

危险化学品的运输存在巨大的潜在危险性，一旦发生事故，容易造成人身伤亡、财产损失和环境污染等严重危害。

一、常见的危险物品

危险化学品具有易燃、毒害、爆炸、腐蚀、放射性等特性。爆炸品是指有整体爆炸的物品，包括火药、炸药、起爆药等。易燃固体包括火柴、硫磺、赤鳞、闪光粉等。

二、危险化学品运输特殊情况处理

1. 压缩气体遇高温容易发生爆炸，应及时对瓶体降温。

2. 腐蚀品具有强烈的腐蚀性，常见的有硫酸、漂白粉等。运载腐蚀品的车辆发生火灾应直接用水、沙、土等进行覆盖，在使用水稀释时，不可以用直射水流灭火，防止液体飞溅。

3. 运载易燃液体车辆发生火灾，不可以用水灭火，应用泡沫、干粉、黄沙等进行扑救。

三、从事危险化学品运输应注意的问题

危险化学品运输应使用专门的运输容器，应特别注意气象条件的变化，液化石油气罐车如发生泄漏，应切断电源，防止造成更大损失。处置有毒气体、腐蚀性蒸气时，扑救人员应佩戴防毒面具和护具，站在上风处扑救。

第六节　事故现场急救

一、急救的原则

1. 保持镇定，沉着大胆，细心负责，理智、科学地判断，充分利用现场可以支配的人力、物力来进行救护。

2. 观察、评估现场，脱离危险环境。

3. 及时拨打紧急电话。事故报警122急救电话999或120。

4. 分清轻重缓急，先救命后治伤。先抢救危重伤者，如处于昏迷状态、大出血、呼吸困难、肠管等脏器脱出的伤员。

5. 如遇伤者被压于车轮或物体下时，禁止拉扯伤者的肢体，要想办法移动车辆或物体，将伤者托出，伤者被困在车内如有可能应将伤者尽量托出，避免二次伤害。

二、现场急救的方法

1. 处于昏迷失去知觉伤员的急救

抢救昏迷失去知觉的伤员，要先检查伤员呼吸，再进行救护。搬运昏迷或有窒息危险的伤员时，要采用侧卧的方式。若伤者不能正常呼吸，此时应立即施行人工呼吸和胸外心脏按压。

2. 对创伤出血情况的处理

(1) 指压止血。适用于出血量大、有血管损伤的伤员。方法是用手指压迫伤口近心端的动脉，使血管被压闭住以阻断动脉血运。

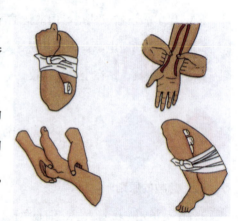

(2) 加压包扎止血。适用于全身各部位的小动脉、静脉、毛细血管出血。方法是用敷料或其他洁净的毛巾、手绢、三角巾等做软垫覆盖伤口，再加压包扎，以增强压力达到止血的目的。

(3) 在没有绷带急救伤员的情况下，可用毛巾、手帕、床单、长筒尼龙袜子等代替绷带包扎。

3. 对骨折情况的处置

(1) 切忌：一不做固定就搬运伤者，二用软质担架搬运。

(2) 前臂骨折的。肘关节屈成直角，掌心朝向胸部，用木板放于前臂内侧，长度超过手心、肘关节少许，另一夹板放于前臂外侧，长度超过肩、肘关节，然后用绷带缠绕固定。

（3）大腿骨折的。要使伤者仰卧，伤腿伸直，用两块夹板放于大腿内、外侧；无夹板时，用健肢固定的方法，然后用三角巾、腰带、布带等进行固定。

（4）小腿骨折的。用两块由大腿中段到脚跟长的木板加垫后，放在小腿的内侧和外侧，关节处垫置软物后，用三角巾、腰带或布带分段扎牢固定。

4．烧伤者的急救

救助全身燃烧的伤员，迅速扑灭衣服上的火焰，向全身燃烧的伤员身上喷冷水，脱掉烧着的衣服，保护创面，用消毒的绷带包扎燃烧伤口。不得用沙土覆盖，会造成伤口感染，甚至危及生命。烧伤伤员口渴时，可喝少量的淡盐水。

5．中毒伤员的急救

救助有害气体中毒伤员时，要在第一时间迅速将伤员移到有新鲜空气的地方，以防止继续中毒。保持呼吸顺畅，注意保暖，对伴有高烧的感染性休克伤者应给予降温。

第七节　心肺复苏

心肺复苏，是自20世纪60年代至今长达半个世纪以来，全球最为推崇也是普及最广泛的急救技术。

首先评估现场环境安全

1．**意识的判断**：用双手轻拍病人双肩，问："喂！你怎么了？"告知无反应；

2．**检查呼吸**：观察病人胸部起伏5—10秒（1001、1002、1003、1004、1005……）告知无呼吸；

3．**呼救**：来人啊！喊医生！推抢救车！除颤仪；

4. 判断是否有颈动脉搏动：用右手的中指和食指从气管正中环状软骨划向近侧颈动脉搏动处，告之无搏动（数1001，1002，1003，1004，1005……判断五秒以上10秒以下）；

5. 松解衣领及裤带；

6. 胸外心脏按压：两乳头连线中点（胸骨中下1/3处），用左手掌跟紧贴病人的胸部，两手重叠，左手五指翘起，双臂伸直，用上身力量用力按压30次（按压频率至少100次/分，按压深度至少5公分）；

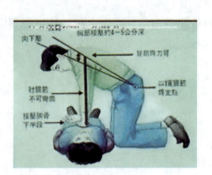

7. 打开气道：仰头抬颏法。口腔无分泌物，无假牙；

8. 人工呼吸：应用简易呼吸器，一手以"CE"手法固定，一手挤压简易呼吸器，每次送气400—600ml，频率10—12次/分；

9. 持续2分钟的高效率的CPR：以心脏按压：人工呼吸＝30:2的比例进行，操作5个周期（心脏按压开始送气结束）；

10. 判断复苏是否有效：（听是否有呼吸音，同时触摸是否有颈动脉搏动）。

11. 整理病人，进一步生命支持。

提高抢救成功率的主要因素：

1. 将重点继续放在高质量的CPR上；

2. 按压频率至少100次/分（区别于大约100次/分）；

3. 胸骨下陷深度至少5 cm；

4. 按压后保证胸骨完全回弹；

5. 胸外按压时最大限度地减少中断；

6. 避免过度通气。

心肺复苏＝(清理呼吸道)＋人工呼吸＋胸外按压＋后续的专业用药

据美国近年统计，每年心血管病人死亡数达百万人，约占总死亡病因1/2。而因心脏停搏突然死亡者60—70%发生在院前。因此，美国成年人中约有85%的人有兴趣参加CPR初步训练，结果使40%心脏骤停者复苏成功，每年抢救了约20万人的生命。心脏跳动停止者，如在4分钟内实施初步的CPR，在8分钟内由专业人员进一步心脏救生，死而复生的可能性最大，因此时间就是生命，速度是关键，初步的CPR按ABC进行。

先判断患者有无意识。拍摇患者并大声询问，如无反应表示意识丧失。这时应使患者水平仰卧，解开颈部纽扣，注意清除口腔异物，使患者仰头抬颏，用耳贴近口鼻，如未感到有气流或胸部无起伏，则表示已无呼吸。

A（airway）：保持呼吸顺畅

B（breathing）：口对口人工呼吸

C（circulation）：建立有效的人工循环

A 保持呼吸顺畅

昏迷的病人常因舌后移而堵塞气道，所以心肺复苏的首要步骤是畅通气道。急救者以一手置于患者额部使头部后仰，并以另一手抬起后颈部或托起下颏，保持呼吸道通畅。对怀疑有颈部损伤者只能托举下颏而不能使头部后仰；若疑有气道异物，应从患者背部双手环抱于患者上腹部，用力、突击性挤压。

B 口对口人工呼吸

在保持患者仰头抬颏前提下，施救者用一手捏闭的鼻孔(或口唇)，然后深吸一大口气，迅速用力向患者口（或鼻）内吹气，然后放松鼻孔(或口唇)，照此每5秒钟反复一次，直到恢复自主呼吸。

每次吹气间隔1.5秒，在这个时间抢救者应自己深呼吸一次，以便继续口对口呼吸，直至专业抢救人员的到来。

C 建立有效的人工循环

检查心脏是否跳动，最简易、最可靠的是颈动脉。抢救者用2—3个手指放在患者气管与颈部肌肉间轻轻按压，时间不少于10秒。

如果患者停止心跳，抢救者应握紧拳头，拳眼向上，快速有力猛击患者胸骨正中下段一次。此举有可能使患者心脏复跳，如一次不成功可按上述要求再次叩击一次。

如心脏不能复跳，就要通过胸外按压，使心脏和大血管血液产生流动。以维持心、脑等主要器官最低血液需要量。

选择胸外心脏按压部位：先以左手的中指、食指定出肋骨下缘，而后将右手掌侧放在胸骨下1/3，再将左手放在胸骨上方，左手拇指邻近右手指，使左手掌底部在剑突上。右手置于左手上，手指间互相交错或伸展。按压力量经手根而向下，手指应抬离胸部。胸外心脏按压方法：急救者两臂位于病人胸骨的正上方，双肘关节伸直，利用上身重量垂直下压，对中等体重的成人下压深度应大于5厘米，而后迅速放松，解除压力，让胸廓自行复位。如此有节奏地反复进行，按压与放松时间大致相等，频率为每分钟不低于100次。

心肺复苏方法

一、当只有一个急救者给病人进行心肺复苏术时，应是每做30次胸心脏按压，交替进行2次人工呼吸。

二、当有两个急救者给病人进行心肺复苏术时，首先两个人应呈对称位置，以便于互相交换。此时，一个人做胸外心脏按压；另一个人做人工呼吸。两人可以数着1、2、3进行配合，每按压心脏30次，口对口或口对鼻人工呼吸2次。）

拍摇患者并大声询问，如无反应表示意识丧失。这时应使患者侧俯卧位，注意清除口腔异物，然后再仰卧位，解开颈部纽扣，使患者仰头抬颏，用耳贴近口鼻，如未感到有气流或胸部无起伏，则表示已无呼吸。

CPR操作顺序的变化：A-B-C→C-A-B

★2010（新）：C-A-B 即：C胸外按压→A开放气道→B人工呼吸

●2005（旧）：A-B-C 即：A开放气道→B人工呼吸→C胸外按压

注意事项

1. 口对口吹气量不宜过大，一般不超过1200毫升，胸廓稍起伏即可。吹气时间不宜过长，过长会引起急性胃扩张、胃胀气和呕吐。吹气过程要注意观察患（伤）者气道是否通畅，胸廓是否被吹起；

2. 胸外心脏技术只能在患（伤）者心脏停止跳动下才能施行；

3. 口对口吹气和胸外心脏按压应同时进行，严格按吹气和按压的比例操作，吹气和按压的次数过多和过少均会影响复苏的成败；

4. 胸外心脏按压的位置必须准确。不准确容易损伤其他脏器。按压的力度要适宜，过大

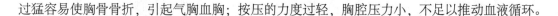

过猛容易使胸骨骨折，引起气胸血胸；按压的力度过轻，胸腔压力小，不足以推动血液循环。

5. 施行心肺复苏术时应将患（伤）者的衣扣及裤带解松，以免引起内脏损伤。

2005年底美国心脏学会（AHA）发布了新版CPR急救指南，与旧版指南相比，主要就是按压与呼吸的频次由15：2调整为30：2。

心肺复苏有效的体征和终止抢救的指征

（1）观察颈动脉搏动，有效时每次按压后就可触到一次搏动。若停止按压后搏动停止，表明应继续进行按压。如停止按压后搏动继续存在，说明病人自主心搏已恢复，可以停止胸外心脏按压；

（2）若无自主呼吸，人工呼吸应继续进行，或自主呼吸很微弱时仍应坚持人工呼吸；

（3）复苏有效时，可见病人有眼球活动，口唇、甲床转红，甚至脚可动；观察瞳孔时，可由大变小，并有对光反射；

（4）当有下列情况可考虑终止复苏：

① 心肺复苏持续30分钟以上，仍无心搏及自主呼吸，现场又无进一步救治和送治条件，可考虑终止复苏；

② 脑死亡，如深度昏迷，瞳孔固定、角膜反射消失，将病人头向两侧转动，眼球原来位置不变等，如无进一步救治和送治条件，现场可考虑停止复苏；

③ 当现场危险威胁到抢救人员安全(如雪崩、山洪爆发)以及医学专业人员认为病人死亡，无救治指征时。

BOU/CPR580心肺复苏模拟人（2010操作标准）

美国心脏学会（AHA）2010国际心肺复苏（CPR）&心血管急救（ECC）指南标准：

(1) 胸外按压频率由2005年的100次/分改为"至少100次/分"；

(2) 按压深度由2005年的4—5公分改为"至少5公分"；

(3) 人工呼吸频率不变、按压与呼吸比不变；

(4) 强烈建议普通施救者仅做胸外按压的CPR，弱化人工呼吸的作用，对普通目击者要求对ABC改变为"CAB"即胸外按压、气道和呼吸；

(5) 除颤能量不变，但更强调CPR；

（6）肾上腺素用法用量不变，不推荐对心脏停搏或 PEA 者常规使用阿托品；

（7）维持 ROSC 的血氧饱和度在 94%—98%；

（8）血糖超过 10mmol/L 即应控制，但强调应避免低血糖；

（9）强化按压的重要性，按压间断时间不超过 5s。

冠心病介入和先心介入知名专家孟庆智主任表示，心脏骤停离我们其实并不遥远，日常溺水、触电、外伤、异物吸入、疾病发作、煤气中毒、过敏等意外均可导致心脏骤停或窒息，并发生猝死。心脏跳动停止者，如在 4 分钟内实施初步的 CPR，在 8 分钟内由专业人员进一步心脏救生，死而复生的可能性最大，如身边人会急救措施可在几分钟内直接挽救生命，因此，了解最新心肺复苏国际最新标准操作流程 CPR 是很关键的，在危急时刻可以给自己或他人正确的救助，减少不幸的发生。同时要注意，严禁在正常人身上练习 CPR，这样可能会导致严重后果。

CPR 各步骤操作时间

时　间	程　序	重　点
4—10秒	判断意识、高声求救、体位	检查时、回忆 CPR 程序
10秒	A、开放气道、检查呼吸	检查呼吸必须先畅通气道
5—6秒	B、口对口吹气	注意胸部隆起
5—10秒	C、检查脉搏	不要花费更长时间
30—40秒	实施胸外心脏按压、人工呼吸 30：2	按压定位准确
10秒	检查呼吸、循环体征	如无呼吸、脉搏、继续 CPR
继续CPR，每五个周期（约 2 分钟）停 10 秒钟检查呼吸、脉搏		

科目一、科目三理论模拟试题

一、科目一通用模拟试题

1. 未取得驾驶证的学员在道路上学习驾驶技能，下列哪种做法是正确的？

A. 使用所学车型的教练车由教练员随车指导

B. 使用所学车型的教练车单独驾驶学习

C. 使用私家车由教练员随车指导

D. 使用所学车型的教练车由非教练员的驾驶人随车指导

答案：A

2. 以欺骗、贿赂等不正当手段取得驾驶证被依法撤销驾驶许可的，多长时间不得重新申请驾驶许可？

A. 3 年内 B. 终身

C. 1 年内 D. 5 年内

答案：A

3. 对驾驶拼装机动车上路行驶的驾驶人，会受到下列哪种处罚？

A. 处 15 日以下拘留

B. 依法追究刑事责任

C. 处 200 元以上 2000 元以下罚款

D. 吊销机动车行驶证

答案：C

4. 驾驶机动车在这种道路上如何通行？

A. 在道路两边通行 B. 在道路中间通行

C. 实行分道通行 D. 可随意通行

答案：B

5. 驾驶机动车在路口遇到这种情况如何行驶？

A. 可以向右转弯

B. 靠右侧直行

C. 遵守交通信号灯

D. 停车等待

答案：D

6. 遇到这种情况的路口怎样通过？

A. 左转弯加速通过 B. 加速直行通过

C. 右转弯加速通过 D. 确认安全后通过

答案：D

7. 在这种天气条件下行车如何使用灯光？

A. 使用近光灯 B. 不使用灯光

C. 使用远光灯 D. 使用雾灯

答案：A

8. 在这种天气条件下行车如何使用灯光？

A. 使用远光灯 B. 使用雾灯

C. 开启右转向灯 D. 不使用灯光

答案：B

9. 在这种雨天跟车行驶使用灯光，以下做法正确的是？

A. 使用远光灯 B. 不能使用近光灯

C. 不能使用远光灯 D. 使用雾灯

答案：C

10. 在这种环境下通过路口如何使用灯光？

A. 关闭远光灯
B. 使用危险报警闪光灯
C. 使用远光灯
D. 交替使用远近光灯
答案：D

11. 在这条高速公路上行驶时的最高速度不能超过多少？

A. 100 公里 / 小时　　　B. 110 公里 / 小时
C. 120 公里 / 小时　　　D. 90 公里 / 小时
答案：B

12. 在这段城市道路上行驶的最高速度不能超过多少？

A. 30 公里 / 小时　　　B. 40 公里 / 小时
C. 50 公里 / 小时　　　D. 70 公里 / 小时
答案：A

13. 在这条公路上行驶的最高速度不能超过多少？

A. 30 公里 / 小时　　　B. 40 公里 / 小时
C. 50 公里 / 小时　　　D. 70 公里 / 小时
答案：B

14. 在这条城市道路上行驶的最高速度不能超过多少？

A. 30 公里 / 小时　　　B. 40 公里 / 小时
C. 50 公里 / 小时　　　D. 70 公里 / 小时
答案：C

15. 在这条公路上行驶的最高速度不能超过多少？

A. 30 公里 / 小时　　　B. 40 公里 / 小时
C. 50 公里 / 小时　　　D. 70 公里 / 小时
答案：D

16. 驾驶机动车遇雾、雨、雪等能见度在 50 米以内时，最高速度不能超过多少？
A. 70 公里 / 小时　　　B. 50 公里 / 小时
C. 40 公里 / 小时　　　D. 30 公里 / 小时
答案：D

17. 驾驶机动车在进出非机动车道时，最高速度不能超过多少？
A. 30 公里 / 小时　　　B. 40 公里 / 小时
C. 50 公里 / 小时　　　D. 60 公里 / 小时
答案：A

18. 这两辆车发生追尾的主要原因是什么？

A. 后车未与前车保持安全距离
B. 后车超车时距离前车太近
C. 前车采取制动过急
D. 前车采取制动时没看后视镜
答案：A

19. 这种情况超车时，从前车的哪一侧超越？

A. 从前车的右侧超越
B. 左右两侧均可超越
C. 从前车的左侧超越
D. 从无障碍一侧超越
答案：C

20. 驾驶机动车在下列哪种情形下不能超越前车？
A. 前车减速让行   B. 前车正在左转弯
C. 前车靠边停车   D. 前车正在右转弯
答案：B

21. 同车道行驶的车辆遇前车有下列哪种情形时不得超车？
A. 正在停车   B. 减速让行
C. 正常行驶   D. 正在超车
答案：D

22. 同车道行驶的车辆遇前车有下列哪种情形时不得超车？
A. 正在停车   B. 减速让行
C. 正在掉头   D. 正常行驶
答案：C

23. 驾驶机动车在没有道路中心线的狭窄山路怎样会车？
A. 速度慢的先行
B. 重车让空车先行
C. 靠山体的一方先行
D. 不靠山体的一方先行
答案：D

24. 夜间在道路上会车时，距离对向来车多远将远光灯改用近光灯？
A. 不必变换灯光   B. 150 米以外
C. 100 米以内   D. 50 米以内
答案：B

25. 遇到这种情况可以优先通行。

答案：√

26. 未上坡的车辆遇到这种情况让对向下坡车先行。

答案：√

27. 在这个路口怎样左转弯？

A. 靠路口中心点右侧转弯
B. 靠路口中心点左侧转弯
C. 不能左转弯
D. 骑路口中心点转弯
答案：B

28. 在路口右转弯遇同车道前车等候放行信号时如何行驶？
A. 从前车左侧转弯   B. 从右侧占道转弯
C. 鸣喇叭让前车让路   D. 依次停车等候
答案：D

29. 在这个路口右转弯如何通行？

A. 先让对面车左转弯   B. 直接向右转弯
C. 抢在对面车前右转弯   D. 鸣喇叭催促
答案：A

30. 在路口直行时，遇这种情形如何通行？

A. 让左方道路车辆先行

B. 让右方道路车辆先行
C. 直接加速直行通过
D. 开启危险报警闪光灯通行

答案：B

31. 在路口遇到这种情形时怎样做？

A. 停在网状线区域内等待
B. 停在路口以外等待
C. 跟随前车通过路口
D. 停在路口内等待

答案：B

32. 驾驶机动车在车道减少的路口，遇到前方车辆依次停车或缓慢行驶时怎么办？
A. 从前车右侧路肩进入路口
B. 从有空隙一侧进入路口
C. 每车道一辆依次交替驶入路口
D. 向左变道穿插进入路口

答案：C

33. 驾驶机动车遇到这种桥时首先怎样办？

A. 保持匀速通过　　　B. 尽快加速通过
C. 低速缓慢通过　　　D. 停车察明水情

答案：D

34. 在这种路口怎样进行掉头？

A. 在人行横道上掉头
B. 进入路口后掉头
C. 从右侧车道掉头
D. 从中心线虚线处掉头

答案：D

35. 在这个路口可以掉头。

答案：×

36. 驾驶机动车在铁路道口、桥梁、陡坡、隧道或者容易发生危险的路段不能掉头。

答案：√

37. 在这段道路上，在不影响其他车辆通行的前提下可以掉头。

答案：√

38. 机动车在道路上发生故障，需要停车排除时，驾驶人应该怎么办？
A. 就地停车排除故障
B. 开启近光灯或雾灯
C. 将车停到不妨碍交通的地方
D. 将车停在道路中间

答案：C

39. 机动车在道路上发生故障，难以移动时下列做法正确的是什么？
A. 开启危险报警闪光灯
B. 开启车上所有灯光
C. 禁止车上人员下车
D. 在车前方设置警告标志

答案：A

40. 这辆停在路边的机动车没有违法行为。

答案：×

41. 行车中遇到执行紧急任务的消防车、救护车、工程救险车时要及时让行。

答案：√

42. 这样在路边临时停放机动车有什么违法行为？

A. 在非机动车道停车
B. 停车占用机动车道
C. 距离路边超过 30 厘米
D. 在有禁停标线路段停车
答案：D

43. 这样临时停放红色轿车有什么违法行为？

A. 距离加油站不到 30 米
B. 停车占用非机动车道
C. 距离路边超过 30 厘米
D. 在有禁停标线路段停车
答案：A

44. 在距这段路多少米以内的路段不能停放机动车？

A. 5 米以内　　　　　B. 10 米以内
C. 30 米以内　　　　　D. 50 米以内
答案：D

45. 这个路段可以在非机动车道上临时停车。

答案：×

46. 驾驶小型载客汽车在高速公路行驶的最低车速为 90 公里 / 小时。
答案：×

47. 驾驶机动车在高速公路要按照限速标志标明的车速行驶。
答案：√

48. 在这段高速公路上行驶的最高车速是多少？

A. 120 公里 / 小时　　B. 100 公里 / 小时
C. 90 公里 / 小时　　　D. 60 公里 / 小时
答案：A

49. 在这段高速公路上行驶的最低车速是多少？

A. 50 公里 / 小时　　　B. 60 公里 / 小时
C. 80 公里 / 小时　　　D. 100 公里 / 小时
答案：B

50. 在这条车道行驶的最低车速是多少？

A. 60 公里 / 小时　　　B. 90 公里 / 小时
C. 100 公里 / 小时　　D. 110 公里 / 小时
答案：C

51. 在这条车道行驶的最低车速是多少？

A. 60 公里 / 小时　　　B. 90 公里 / 小时

C. 100 公里 / 小时　　　D. 110 公里 / 小时
答案：B

52. 在这条车道行驶的最高车速是多少？

A. 120 公里 / 小时　　　B. 110 公里 / 小时
C. 100 公里 / 小时　　　D. 90 公里 / 小时
答案：D

53. 在这个位置时怎样使用灯光？

A. 开启左转向灯
B. 开启右转向灯
C. 开启危险报警闪光灯
D. 开启前照灯
答案：A

54. 进入减速车道时怎样使用灯光？

A. 开启左转向灯
B. 开启右转向灯
C. 开启危险报警闪光灯
D. 开启前照灯
答案：B

55. 驾驶小型载客汽车在高速公路上时速超过100公里时的跟车距离是多少？
A. 保持 50 米以上　　　B. 保持 60 米以上
C. 保持 80 米以上　　　D. 保持 100 米以上
答案：D

56. 驾驶小型载客汽车在高速公路上时速低于100公里时的最小跟车距离是多少？
A. 不得少于 50 米　　　B. 不得少于 30 米

C. 不得少于 20 米　　　D. 不得少于 10 米
答案：A

57. 驾驶机动车在高速公路遇到能见度低于200米的气象条件时，最高车速是多少？
A. 不得超过 100 公里 / 小时
B. 不得超过 90 公里 / 小时
C. 不得超过 80 公里 / 小时
D. 不得超过 60 公里 / 小时
答案：D

58. 驾驶机动车在高速公路遇到能见度低于100米的气象条件时，最高车速是多少？
A. 不得超过 40 公里 / 小时
B. 不得超过 60 公里 / 小时
C. 不得超过 80 公里 / 小时
D. 不得超过 90 公里 / 小时
答案：A

59. 驾驶机动车在高速公路遇到能见度低于50米的气象条件时，车速不得超过20公里 / 小时，还应怎么做？
A. 进入应急车道行驶
B. 尽快驶离高速公路
C. 在路肩低速行驶
D. 尽快在路边停车
答案：B

60. 机动车在高速公路上发生故障或交通事故无法正常行驶时由什么车拖曳或牵引？
A. 过路车　　　　　　　B. 大客车
C. 同行车　　　　　　　D. 清障车
答案：D

61. 机动车在高速公路上发生故障时，将车上人员迅速转移到右侧路肩上或者应急车道内，并且迅速报警。
答案：√

62. 在道路上发生未造成人员伤亡且无争议的轻微交通事故如何处置？
A. 保护好现场再协商
B. 不要移动车辆
C. 疏导其他车辆绕行
D. 撤离现场自行协商
答案：D

63. 驾驶机动车在道路上发生交通事故要立即将车移到路边。
答案：×

64. 驾驶人连续驾驶不得超过多长时间？

A. 4 小时　　　　　　　B. 6 小时
C. 8 小时　　　　　　　D. 10 小时

答案：A

65. 驾驶人连续驾驶 4 小时以上，停车休息的时间不得少于多少？

A. 5 分钟　　　　　　　B. 10 分钟
C. 15 分钟　　　　　　 D. 20 分钟

答案：D

66. 驾驶机动车下陡坡时不得有哪些危险行为？

A. 提前减挡　　　　　　B. 空挡滑行
C. 低挡行驶　　　　　　D. 制动减速

答案：B

67. 在这段道路上一定要减少鸣喇叭的频率。

答案：×

68. 初次申领的机动车驾驶证的有效期为多少年？

A. 3 年　　　　　　　　B. 5 年
C. 6 年　　　　　　　　D. 12 年

答案：C

69. 准驾车型为小型汽车的，可以驾驶下列哪种车辆？

A. 低速载货汽车　　　　B. 中型客车
C. 三轮摩托车　　　　　D. 轮式自行机械

答案：A

70. 驾驶人在机动车驾驶证的 6 年有效期内，每个记分周期均未达到 12 分的，换发 10 年有效期的机动车驾驶证。

答案：√

71. 机动车驾驶证有效期分为 6 年、10 年、20 年。

答案：×

72. 初次申领机动车驾驶证的，可以申请下列哪种准驾车型？

A. 中型客车　　　　　　B. 大型客车
C. 普通三轮摩托车　　　D. 牵引车

答案：C

73. 年满 20 周岁，可以初次申请下列哪种准驾车型？

A. 大型货车　　　　　　B. 大型客车
C. 中型客车　　　　　　D. 牵引车

答案：A

74. 小型汽车科目二考试内容包括倒车入库、坡道定点停车和起步、侧方停车、曲线行驶、直角转弯。

答案：√

75 科目三考试分为道路驾驶技能考试和安全文明驾驶常识考试两部分。

答案：√

76. 科目三道路驾驶技能和安全文明驾驶常识考试满分皆为 100 分，成绩分别达到 80 和 90 分的为合格。

答案：×

77. 机动车购买后尚未注册登记，需要临时上道路行驶的，可以凭什么临时上道路行驶？

A. 合法来源凭证
B. 临时行驶车号牌
C. 借用的机动车号牌
D. 法人单位证明

答案：B

78. 驾驶人违反交通运输管理法规发生重大事故致人重伤、死亡，可能会受到什么刑罚？

A. 处 3 年以下徒刑或者拘役
B. 处 3 年以上 7 年以下徒刑
C. 处 5 年以上徒刑
D. 处 7 年以上徒刑

答案：A

79. 驾驶人违反交通运输管理法规发生重大事故致人死亡且逃逸的，处多少年有期徒刑？

A. 7 年以上
B. 3 年以下
C. 3 年以上 7 年以下
D. 10 年以上

答案：C

80. 驾驶人违反交通运输管理法规发生重大事故后，因逃逸致人死亡的，处多少年有期徒刑？

A. 2 年以下　　　　　　B. 3 年以下
C. 7 年以下　　　　　　D. 7 年以上

答案：D

81. 驾驶机动车在道路上追逐竞驶,情节恶劣,会受到什么处罚？

A. 处拘役，并处罚金
B. 处管制，并处罚金
C. 处 1 年以上徒刑
D. 处 6 个月徒刑
答案：A

82. 持小型汽车驾驶证的驾驶人在下列哪种情况下需要接受审验？
A. 有效期满换发驾驶证时
B. 一个记分周期末
C. 记分周期未满分
D. 记分周期满 12 分
答案：A

83. 提供虚假材料申领驾驶证的申请人会承担下列哪种法律责任？
A. 处 20 元以上 200 元以下罚款
B. 取消申领驾驶证资格
C. 1 年内不得再次申领驾驶证
D. 2 年内不能再次申领驾驶证
答案：C

84. 这个标志是何含义？

A. 高速公路界牌编号
B. 高速公路里程编号
C. 高速公路命名编号
D. 高速公路路段编号
答案：C

85. 雨天对安全行车的主要影响是什么？
A. 电器设备易受潮短路
B. 路面湿滑，视线受阻
C. 发动机易熄火
D. 行驶阻力增大
答案：B

86. 行人参与道路交通的主要特点是什么？
A. 行动迟缓
B. 喜欢聚集、围观
C. 行走随意性大，方向多变
D. 以上都是
答案：C

87. 冰雪道路对安全行车的主要影响是什么？
A. 电器设备易受潮短路
B. 能见度降低，视野模糊
C. 行驶阻力增大
D. 制动性能差，方向易跑偏
答案：D

88. 冰雪路行车时应注意什么？
A. 制动距离延长
B. 抗滑能力变强
C. 路面附着力增大
D. 制动性能没有变化
答案：A

89. 车辆驶近人行横道时，应怎样做？
A. 加速通过
B. 立即停车
C. 鸣喇叭示意行人让道
D. 先减速注意观察行人、非机动车动态，确认安全后再通过
答案：D

90. 车辆在雨天临时停车时，应开启什么灯？
A. 前后雾灯   B. 危险报警闪光灯
C. 前大灯   D. 倒车灯
答案：B

91. 轮胎气压过低时，高速行驶轮胎会出现波浪变形温度升高而导致什么？
A. 气压不稳   B. 气压更低
C. 行驶阻力增大   D. 爆胎
答案：D

92. 避免爆胎的错误的做法是什么？
A. 降低轮胎气压
B. 定期检查轮胎
C. 及时清理轮胎沟槽里的异物
D. 更换有裂纹或有很深损伤的轮胎
答案：A

93. 这个仪表是何含义？

A. 发动机转速表   B. 行驶速度表
C. 区间里程表   D. 百公里油耗表
答案：A

94. 这个仪表是何含义？

A. 百公里油耗表　　B. 速度和里程表
C. 发动机转速表　　D. 最高时速值表
答案：B

95. 机动车仪表板上（如图所示）亮表示发动机可能机油压力过高。

答案：×

96. 机动车仪表板上（如图所示）亮表示什么？

A. 制动踏板没回位
B. 驻车制动解除
C. 行车制动器失效
D. 制动系统出现异常
答案：D

97. 机动车仪表板上（如图所示）亮表示什么？

A. 防抱死制动系统故障
B. 驻车制动器处于解除状态
C. 安全气囊处于故障状态
D. 行车制动系统故障
答案：A

98. 机动车仪表板上（如图所示）亮时，提醒发动机冷却液可能不足。

答案：√

99. 机动车发生故障时，（如图所示）闪烁。

答案：×

100. 这种握转向盘的动作是正确的。

答案：×

101. 点火开关在 LOCK 位置拔出钥匙转向盘会锁住。

答案：√

102. 机动车在紧急制动时 ABS 系统会起到什么作用？

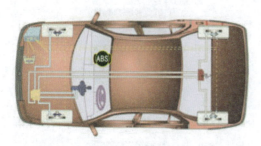

A. 切断动力输出　　B. 自动控制方向
C. 减轻制动惯性　　D. 防止车轮抱死
答案：D

103. 防抱死制动系统（ABS）在什么情况下可以最大限度发挥制动器效能？

A. 间歇制动　　　　B. 持续制动
C. 缓踏制动踏板　　D. 紧急制动
答案：D

104. 正面安全气囊与什么配合才能充分发挥保护作用？

A. 座椅安全带　　　B. 防抱死制动系统
C. 座椅安全头枕　　D. 安全玻璃
答案：A

105. 如图所示，A 车具有优先通行权。

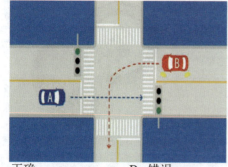

A. 正确　　　　　　B. 错误
答案：A

106. 如图所示，B 车具有优先通行权。

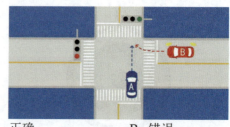

A. 正确　　　　　　B. 错误
答案：B

107. 如图所示，A 车具有优先通行权。

A. 正确　　　　　　B. 错误
答案：B

108. 如图所示，以下哪种情况可以超车？(图 50a、50b、50c、50d)

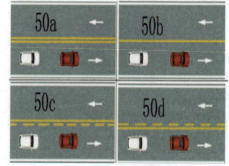

A. 50a　　　　　　 B. 50b
C. 50c　　　　　　 D. 50d
答案：C

109. 如图所示，以下哪种情况可以超车？(图 51a、51b、51c、51d)

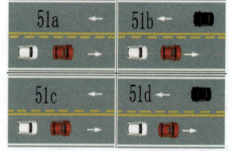

A. 51a　　　　　　 B. 51b

C. 51c

D. 51d

答案：A

110. 如图所示，当越过停在人行横道前的 A 车时，B 车应减速，准备停车让行。

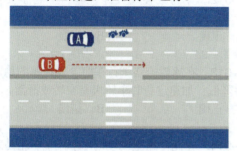

A. 正确

B. 错误

答案：A

111. 交通肇事致一人以上重伤，负事故全部或者主要责任，并具有下列哪种行为的，构成交通肇事罪？

A. 未带驾驶证

B. 酒后、吸食毒品后驾驶机动车辆的

C. 未报警

D. 未抢救受伤人员

答案：B

112. 交通肇事致一人以上重伤，负事故全部或者主要责任，并具有下列哪种行为的，构成交通肇事罪？

A. 未带驾驶证

B. 未报警

C. 无驾驶资格驾驶机动车辆的

D. 未抢救受伤人员

答案：C

113. 交通肇事致一人以上重伤，负事故全部或者主要责任，并具有下列哪种行为的，构成交通肇事罪？

A. 未带驾驶证

B. 未及时报警

C. 严重超载驾驶的

D. 未抢救受伤人员

答案：C

114. 交通肇事致一人以上重伤，负事故全部或者主要责任，并具有下列哪种行为的，构成交通肇事罪？

A. 未带驾驶证

B. 未报警

C. 为逃避法律追究逃离事故现场的

D. 未抢救受伤人员

答案：C

115. 如图所示，A 车货物掉落，导致 B 车与掉落货物发生碰撞，以下说法正确的是什么？

A. B 车自负责任

B. A 车负全部责任

C. 各负一半责任

D. 偶然事件，不可避免

答案：B

116. 年龄在 70 周岁以上的机动车驾驶人，应当每年进行一次身体检查。

答案：√

二、专用补充模拟试题（适用科目一、科目三）

（一）摩托车专用模拟题

1-001. 摩托车驾驶人及乘坐人员应当按规定戴安全头盔。

A．正确　　　　　　B．错误

答案：A

1-002. 在道路同方向划有2条以上机动车道的，摩托车应当在最左侧车道行驶。

A．正确　　　　　　B．错误

答案：B

1-003. 轻便摩托车只允许乘载学龄前儿童。

A．正确　　　　　　B．错误

答案：B

1-004. 摩托车不得牵引摩托车，但允许被其他摩托车牵引。

A．正确　　　　　　B．错误

答案：B

1-005. 驾驶摩托车时可单手离车把，但不得双手同时离把。

A．正确　　　　　　B．错误

答案：B

1-006. 驾驶摩托车时不得在车把上悬挂物品。

A．正确　　　　　　B．错误

答案：A

1-007. 乘坐两轮摩托车的人应当侧向骑坐。

A．正确　　　　　　B．错误

答案：B

1-008. 摩托车不得牵引车辆或者被其他车辆牵引。

A．正确　　　　　　B．错误

答案：A

1-009. 摩托车驾驶人交通肇事后逃逸的，处3年以上7年以下有期徒刑。

A．正确　　　　　　B．错误

答案：A

1-010. 使用伪造机动车号牌、行驶证的，交通警察可以扣留摩托车。

A．正确　　　　　　B．错误

答案：A

1-011. 驾驶摩托车，应穿着颜色鲜明的长袖及长裤服装，易被其他交通参与者发现。

A．正确　　　　　　B．错误

答案：A

1-012. 穿高跟鞋驾驶摩托车，不利于安全行车。

A．正确　　　　　　B．错误

答案：A

1-013. 在冰雪道路上行车时，摩托车的稳定性降低，加速过急时车轮极易空转或滑溜。

A．正确　　　　　　B．错误

答案：A

1-014. 在泥泞路上制动时，摩托车车轮易发生侧滑或甩尾，导致交通事故。

A．正确　　　　　　B．错误

答案：A

1-015. 驾驶摩托车驶近人行横道时，若遇行人正在横穿道路，尽量从行人后方绕过。

A．正确　　　　　　B．错误

答案：B

1-016. 摩托车高速行驶时，仅使用前制动，驾驶人易因惯性从车上甩出摔伤。

A．正确　　　　　　B．错误

答案：A

1-017. 驾驶摩托车使用制动时，先使用前轮制动，后使用后轮制动。

A．正确　　　　　　B．错误

答案：B

1-018. 驾驶摩托车紧急制动时，应特别注意使车身垂直于路面，以免摩托车侧滑倾倒。

A．正确　　　　　　B．错误

答案：A

1-019. 摩托车在较高速度转弯过程中，应当尽量不用或少用制动，否则易产生侧滑。

A．正确　　　　　　B．错误

答案：A

1-020. 摩托车通过弯道或曲线路段时，应提前减速，换入空挡。

A．正确　　　　　　B．错误

答案：B

1-021. 侧身乘坐摩托车极不安全，一旦发生侧滑，由于重心不稳，会被甩出造成伤亡。

A．正确　　　　　　B．错误

答案：A

1-022. 摩托车遇危险、复杂路况时，驾驶人应以中低速匀速行驶，注意保持车身平衡，谨慎通过。

A．正确　　　　　　　　B．错误

答案：A

1-023. 在同向两车道的高速公路上，摩托车应在左侧车道上行驶。

A．正确　　　　　　　　B．错误

答案：B

1-024. 摩托车下长坡时要减挡行驶，以充分利用发动机的制动作用。

A．正确　　　　　　　　B．错误

答案：A

1-025. 摩托车在下坡行驶时，可充分利用空挡滑行。

A．正确　　　　　　　　B．错误

答案：B

1-026. 摩托车在通过山区弯道时，要做到"减速、鸣喇叭、靠右行"。

A．正确　　　　　　　　B．错误

答案：A

1-027. 摩托车涉水后，制动器的制动效果不会改变。

A．正确　　　　　　　　B．错误

答案：B

1-028. 摩托车在冰雪路制动时，驾驶人应采用点制动，并在制动时双脚做好落地的准备。

A．正确　　　　　　　　B．错误

答案：A

1-029. 摩托车爆胎时，驾驶人应迅速踏下制动踏板减速，极力控制转向把，迅速停车。

A．正确　　　　　　　　B．错误

答案：B

1-030. 摩托车爆胎后，驾驶人在尚未控制住车速前，不要冒险使用制动器停车，以避免摩托车横甩发生更大的险情。

A．正确　　　　　　　　B．错误

答案：A

1-031. 摩托车爆胎时，驾驶人应在控制住方向的情况下采取紧急制动，迫使摩托车迅速停住。

A．正确　　　　　　　　B．错误

答案：B

1-032. 摩托车制动失效后，应以控制方向为第一应急措施，再设法控制车速。

A．正确　　　　　　　　B．错误

答案：A

1-033. 摩托车驶出隧道口处，遇横风引起摩托车偏离行驶路线时，应握稳转向把，微量进行调整。

A．正确　　　　　　　　B．错误

答案：A

1-034. 行至两座山谷之间，如果遇到较强的横风，感觉摩托车产生横向偏移时，要急转转向把调正行进方向。

A．正确　　　　　　　　B．错误

答案：B

1-035. 摩托车高速行驶时急转向，极易造成侧滑相撞或在离心力作用下倾翻的事故。

A．正确　　　　　　　　B．错误

答案：A

1-036. 驾驶摩托车时应当穿着有脚后跟、鞋底不容易滑的鞋或靴，以保证用脚换挡的灵活，准确而可靠。

A．正确　　　　　　　　B．错误

答案：A

1-037. 驾驶摩托车，应选用合适、耐磨的手套，最好是符合手指尺寸的皮手套。

A．正确　　　　　　　　B．错误

答案：A

1-038. 驾驶摩托车前必须戴好安全头盔，调整后视镜的角度至能够看清左右两侧后方情况。

A．正确　　　　　　　　B．错误

答案：A

1-039. 乘坐摩托车的人，不必戴安全头盔。

A．正确　　　　　　　　B．错误

答案：B

1-040. 摩托车行至泥泞或翻浆路段时，应停车观察，选择平整、坚实或有车辙的路段通过。

A．正确　　　　　　　　B．错误

答案：A

1-041. 转弯时速度过快，摩托车容易冲出弯道或侧滑。

A．正确　　　　　　　　B．错误

答案：A

1-042. 摩托车从注册登记之日起4年以内每____检验1次。

A．1年　　　　　　　　B．2年

C．3年　　　　　　　　D．4年

答案：B

1-043. 摩托车从注册登记之日起超过____

的，每年检验 1 次。

A．1 年　　　　　　　　B．2 年
C．3 年　　　　　　　　D．4 年

答案：D

1-044. 三轮摩托车载物宽度 _____。

A．不得超过车身 0.15 米
B．不得超过车身
C．不得超过车身 0.20 米
D．不得超过车身 0.25 米

答案：B

1-045. 轻便摩托车 _____。

A．可乘载未满 12 周岁以内的未成年人
B．可以乘载 18 周岁以上的成年人
C．不得载人
D．可乘载学龄前儿童

答案：C

1-046. 摩托车驾驶人因违反交通运输管理法规发生重大事故，致人重伤、死亡或者使公私财产遭受重大损失构成交通肇事罪的，处 _____ 以下有期徒刑或者拘役。

A．1 年　　　　　　　　B．2 年
C．3 年　　　　　　　　D．4 年

答案：C

1-047. 驾驶摩托车时，_____ 转向把。

A．双手可以临时离开
B．可以随意操作
C．严禁双手同时离开
D．可以原地转动

答案：C

1-048. 当摩托车在湿滑路面上行驶时，路面附着力随着车速的增加 _____。

A．急剧增大　　　　　　B．逐渐增大
C．急剧减小　　　　　　D．没有变化

答案：B

1-049. 使用摩托车制动的错误做法是 _____。

A．同时使用前后制动
B．先使用前轮制动
C．先使用后轮制动
D．不能过早使用前制动

答案：B

1-050. 在同向 4 车道的高速公路上行车，摩托车应在 _____ 车道上行驶。

A．最左侧　　　　　　　B．第二条
C．第三条　　　　　　　D．最右侧

答案：D

1-051. 摩托车接近坡顶时，看不到对面的来车和路面情况，错误的做法是 _____。

A．慢速行驶　　　　　　B．加速通过
C．随时准备制动　　　　D．不得使用紧急制动

答案：B

1-052. 摩托车驶入双向行驶隧道前，应开启 _____。

A．危险报警闪光灯　　　B．远光灯
C．防雾灯　　　　　　　D．示宽灯或近光灯

答案：D

1-053. 夜间摩托车在没有照明条件的道路行车，当车速高于每小时 30 公里时，可使用 _____，灯光须照出 30 米以外。

A．近光灯　　　　　　　B．远光灯
C．防雾灯　　　　　　　D．危险报警闪光灯

答案：B

1-054. 在结冰的道路上会车时，应当 _____ 稳住转向握把，缓慢交会。

A．临近减速　　　　　　B．适当加速
C．提前减速　　　　　　D．保持车速

答案：C

1-055. 在泥泞路段行车，应选用适当挡位，稳住 _____ 控制速度，匀速一次性通过。

A．前制动握把　　　　　B．离合器握把
C．制动踏板　　　　　　D．油门握把

答案：D

1-056. 摩托车涉水后，应保持低速行驶，_____ 使用制动，以恢复制动效果。

A．轻缓　　　　　　　　B．急剧
C．持续　　　　　　　　D．间断

答案：D

1-057. 驾驶摩托车通过泥泞路的错误做法是 _____。

A．双腿夹紧油箱
B．双脚踩稳脚蹬
C．双脚做好随时落地的准备
D．将双脚高高抬起以免弄脏衣裤

答案：D

1-058. 发现轮胎漏气时，驾驶人应紧握转向把，_____，极力控制行驶方向，尽快驶离行车道。

A．迅速制动减速　　　　B．慢慢制动减速
C．迅速向另一侧转向　　D．采取紧急制动

答案：B

1-059. 摩托车后轮胎爆裂时，驾驶人应保持镇定，_____，极力控制摩托车保持直线行驶，减速停车。

A. 迅速转动转向把

B. 双手紧握转向把

C. 迅速向相反方向转动转向把

D. 迅速采取制动措施

答案：B

1-060. 摩托车前轮胎爆裂时，会产生严重的左右摆动，驾驶人应立即减小油门，紧握转向把，迅速_____，减速停车。

A. 使用前轮制动　　B. 同时使用前后轮制动

C. 使用后轮制动　　D. 逐级减挡

答案：D

1-061. 行车中发生爆胎，尚未控制住车速前，驾驶人应_____，以免摩托车横甩发生更大的险情。

A. 使用前轮制动　　B. 急转转向把

C. 松开油门　　　　D. 急踏制动踏板

答案：C

1-062. 行车中轮胎突然爆裂时的应急措施是_____。

A. 迅速制动减速

B. 紧握转向把，尽快平稳停车

C. 迅速转动转向把调整方向

D. 低速行驶，寻找换轮胎地点

答案：B

1-063. 脚制动突然失灵时，驾驶人要沉着镇静，握紧转向把，_____进行减速。

A. 连续踩踏制动踏板

B. 缓握制动握把

C. 握紧离合器握把

D. 迅速握紧制动握把

答案：B

1-064. 摩托车驾驶人最有效的防护装备是_____。

A. 眼镜　　　　　　B. 专用安全头盔

C. 手套　　　　　　D. 安全护膝

答案：B

（二）客车专用模拟题

2-001. 报考中型客车准驾车型科目三考试的，在取得驾驶技能准考证明满30日后预约。

A. 正确　　　　　　B. 错误

答案：B

2-002. 报考大型客车准驾车型科目三考试的在取得驾驶技能准考证明满40日后预约。

A. 正确　　　　　　B. 错误

答案：A

2-003. 大型载客汽车允许牵引总质量700千克以下的挂车。

A. 正确　　　　　　B. 错误

答案：B

2-004. 年龄在60岁以上持有准驾车型为大型客车的驾驶人，应当到驾驶证核发地车辆管理所换准驾车型为小型汽车的驾驶证。

A. 正确　　　　　　B. 错误

答案：A

2-005. 已持有小型汽车驾驶证，申请增加中型客车准驾车型的，应当在申请前最近一个记分周期内没有满分记录。

A. 正确　　　　　　B. 错误

答案：B

2-006. 在造成人员死亡的交通事故中承担主要责任记录的，不得申请增加大型客车准驾车型，但可以申请增加中型客车准驾车型。

A. 正确　　　　　　B. 错误

答案：B

2-007. 机动车载人不得超过核定的人数。

A. 正确　　　　　　B. 错误

答案：A

2-008. 客运机动车可以载货。

A. 正确　　　　　　B. 错误

答案：B

2-009. 机动车行驶时，乘坐人员可不使用安全带。

A. 正确　　　　　　B. 错误

答案：B

2-010. 铰接式客车不得进入高速公路。

A. 正确　　　　　　B. 错误

答案：A

2-011. 营运机动车改为非营运机动车的，机动车所有人不需要向公安机关交通管理部门申请登记。

A．正确　　　　　　B．错误

答案：B

2-012. 营运机动车在规定检验期限内经安全技术检验合格的，不再重复进行安全技术检验。

A．正确　　　　　　B．错误

答案：A

2-013. 载客汽车除车身外部的行李架和内置的行李箱外，不得载货。

A．正确　　　　　　B．错误

答案：A

2-014. 城市公共汽车不得在站点以外的路段停车上下乘客。

A．正确　　　　　　B．错误

答案：A

2-015. 图中标志的含义是禁止小型客车通行。

A．正确　　　　　　B．错误

答案：B

2-016. 为保障乘车人不受伤害，客车驾驶人或乘务员应当向乘客讲解安全门的使用方法。

A．正确　　　　　　B．错误

答案：A

2-017. 客车在起步前，应检查行李包是否装捆牢固，长、宽、高及重量是否符合规定，可将行李放置在门道或者过道上。

A．正确　　　　　　B．错误

答案：B

2-018. 客车起步、行驶和停车时，应当平稳，避免乘客受伤。

A．正确　　　　　　B．错误

答案：A

2-019. 客车在起步前，驾驶人应向乘客强调不要将手、头部以及其他部位伸出窗外。

A．正确　　　　　　B．错误

答案：A

2-020. 客车行经转弯、上下坡、凹凸路时，应让乘客学会保护自己，抓住车内固定物，尤其提醒后排乘客注意安全。

A．正确　　　　　　B．错误

答案：A

2-021. 严禁在车辆未停稳或行驶途中开启车门，以防乘客被甩出酿成事故。

A．正确　　　　　　B．错误

答案：A

2-022. 客车驾驶人在行车中，应始终保持良好的心理状态，不得带着不良情绪驾驶车辆。

A．正确　　　　　　B．错误

答案：A

2-023. 客车在遇险的一刹那，应果断地采取一切有效措施保护乘客不受伤害或少受伤害，要避免车辆发生倾覆。

A．正确　　　　　　B．错误

答案：A

2-024. 驾驶客车遇非常情况或者发生事故时，应力所能及的将损失降到最低限度，决不能因紧急避险造成二次事故或更大的损失。

A．正确　　　　　　B．错误

答案：A

2-025. 驾驶客车在山区、桥梁、高速公路遇紧急情况避险时，应先转动转向盘避让，再使用制动减速。

A．正确　　　　　　B．错误

答案：B

2-026. 客车遇险后，应设法开启车门、安全门或紧急出口，迅速疏散车上乘客。

A．正确　　　　　　B．错误

答案：A

2-027. 客车遇险后，没有安全门的，可用车上配备的铁锤或者其他物品将车窗玻璃敲破，从窗口疏散乘客。

A．正确　　　　　　B．错误

答案：A

2-028. 遇紧急情况时，客车的顶窗也可用作疏散乘客的紧急出口。

A．正确　　　　　　B．错误

答案：A

2-029. 驾驶人逃离火灾如果无法开启驾驶室门或车门时，应敲碎前风窗玻璃逃离。

A．正确　　　　　　B．错误

答案：B

2-030. 安装乘客安全带的车辆，应要求乘客在起步前按规定使用安全带。

A. 正确　　　　　　　　B. 错误

答案：A

2-031. 大型、中型载客汽车 _____ 挂车。

A. 不得牵引

B. 允许牵引 1 辆

C. 可以牵引不超过本身载质量的

D. 允许牵引总质量 700 千克以下的

答案：A

2-032. 饮酒后驾驶营运机动车的，处 15 日拘留，吊销机动车驾驶证，5 年内不得取得机动车驾驶证，并处 _____ 罚款。

A. 200 元　　　　　　　B. 5000 元

C. 1000 元　　　　　　 D. 2000 元

答案：B

2-033. 醉酒后驾驶营运机动车的，由公安机关交通管理部门约束至酒醒，吊销机动车驾驶证，依法追究刑事责任，_____ 年内不得取得机动车驾驶证。

A. 3 年　　　　　　　　B. 5 年

C. 10 年　　　　　　　 D. 2 年

答案：C

2-034. 因饮酒后驾驶机动车被处罚，再次饮酒后驾驶机动车的，处 10 日以下拘留，吊销机动车驾驶证，并处 _____ 罚款。

A. 200 ～ 500 元　　　　B. 500 ～ 1000 元

C. 1000 ～ 2000 元　　　D. 2000 ～ 5000 元

答案：C

2-035. 公路客运车辆载客超过额定乘员，但没有超过额定成员 20% 的，处 _____ 罚款。

A. 100 以上 200 元以下

B. 200 元以上 500 元以下

C. 500 元以上 1000 元以下

D. 1000 元以上

答案：B

2-036. 公路客运车辆载客超过额定成员 20% 或者违反规定载货的，处 _____ 罚款。

A. 200 元以上 500 元以下

B. 500 元

C. 500 元以上 2000 元以下

D. 2000 元以上

答案：C

2-037. 大型、中型非营运载客汽车从注册登记之日起，_____ 以内每年检验 1 次。

A. 5 年　　　　　　　　B. 6 年

C. 8 年　　　　　　　　D. 10 年

答案：D

2-038. 大型、中型非营运载客汽车从注册登记之日起，超过 10 年的，每 _____ 检验 1 次。

A. 6 个月　　　　　　　B. 1 年

C. 2 年　　　　　　　　D. 3 年

答案：A

2-039. 营运载客汽车从注册登记之日起，_____ 以内每年检验 1 次。

A. 2 年　　　　　　　　B. 3 年

C. 4 年　　　　　　　　D. 5 年

答案：D

2-040. 营运载客汽车从注册登记之日起，超过 5 年的，每 _____ 检验 1 次。

A. 6 个月　　　　　　　B. 1 年

C. 2 年　　　　　　　　D. 3 年

答案：A

2-041. 载客汽车行李架载货时，从地面起高度不得超过 _____。

A. 4 米　　　　　　　　B. 4.2 米

C. 5 米　　　　　　　　D. 5.5 米

答案：A

2-042. 公路客运车辆载客超过核定乘员，公安机关交通管理部门依法扣留机动车后，驾驶人应当将超载的乘车人转运，费用由 _____ 承担。

A. 乘客

B. 超载机动车的驾驶人或者所有人

C. 公安交通管理部门

D. 转运机动车的驾驶人或者所有人

答案：B

2-043. 申请增加 _____ 准驾车型的，不得有在造成人员死亡的交通事故中承担全部或主要责任的记录。

A. 小型汽车、小型自动挡汽车

B. 大型客车、牵引车、中型客车

C. 普通三轮摩托车、普通二轮摩托车、轻便摩托车

D. 低速载货汽车、三轮汽车

答案：B

2-044. 机动车驾驶人在实习期内不得驾驶 _____。

A. 公共汽车　　　　　　B. 大型客车

C. 大型货车　　　　　　D. 中型客车

答案：A

2-045. 客车通过险桥、漫水桥、渡口、危险地段前，应当 _____。

A. 让乘客系好安全带

B. 让乘客坐稳

C. 让乘客抓住车内固定物

D. 组织乘客下车

答案：D

2-046. 客车在加油站加油时，驾驶人应当提醒乘客 _____。

A. 系好安全带

B. 在车内等待

C. 不能拨打手机、吸烟

D. 不要在车内随意走动

答案：C

2-047. 客车在行驶中遇险时，要做到 _____。

A. 优先保护乘客人身安全

B. 先抢救财产

C. 根据情况进行抢救

D. 先抢救贵重物品

答案：A

2-048. 客车遇碰刮或制动失效时，应迅速告知乘客向车厢 _____ 或没有被刮碰的一侧挤靠，并抓住车内固定物，注意防范车身变形挤伤身体。

A. 左侧 　　　　　　 B. 中部

C. 右侧 　　　　　　 D. 前方

答案：B

2-049. 客车失火无法开启车门时，为了减少伤害，应尽快组织乘客 _____ 逃生。

A. 砸碎前挡风玻璃

B. 砸碎侧挡风玻璃

C. 撬开车门

D. 先行灭火，再撬开车门

答案：B

2-050. 缓速器可以在不使用或少使用行车制动装置的条件下，使车辆 _____，而且不会使车辆紧急制动。

A. 速度降低或保持稳定 　 B. 加速行驶

C. 制动抱死 　　　　　　 D. 空挡滑行

答案：A

2-051. 为了保证长途和山区行车的安全，大型客车上常装有对车辆起缓速作用的 _____。

A. 减速器 　　　　　　 B. 缓速器

C. 制动器 　　　　　　 D. 差速器

答案：B

（三）货车专用模拟题

3-001. 图中标志的含义是限制轴重。

A. 正确 　　　　　　 B. 错误

答案：B

3-002. 图中标志设在禁止运输危险品车辆驶入路段的入口处。

A. 正确 　　　　　　 B. 错误

答案：A

3-003. 机动车载运危险化学品，经公安部门批准后，行驶时间、路线可不受限制。

A. 正确 　　　　　　 B. 错误

答案：B

3-004. 禁止货运机动车载客。

A. 正确 　　　　　　 B. 错误

答案：A

3-005. 货运机动车需要附载作业人员的，应当设置保护作业人员的安全措施。

A. 正确 　　　　　　 B. 错误

答案：A

3-006. 全挂拖斗车不得进入高速公路。

A. 正确 　　　　　　 B. 错误

答案：A

3-007. 营运机动车在规定检验期限内经安全技术检验合格的，不再重复进行安全技术检验。

A. 正确 　　　　　　 B. 错误

答案：A

3-008. 机动车驾驶人在实习期内不得驾驶载有危险化学品的机动车。

A. 正确 　　　　　　 B. 错误

答案：A

3-009. 机动车载物不得超过机动车行驶证上核定的载质量，装载长度、宽度超出车厢不得超过1米。

A．正确　　　　　　B．错误

答案：B

3-010. 挂车车厢内在留有安全位置的情况下，可以附载临时作业人员1至5人。

A．正确　　　　　　B．错误

答案：B

3-011. 在高速公路上行驶的载货汽车车厢内不得载人。

A．正确　　　　　　B．错误

答案：A

3-012. 货运机动车装载超过核定质量的，公安交通管理部门应当扣留机动车，直至消除违法状态。

A．正确　　　　　　B．错误

答案：A

3-013. 已持有大型货车驾驶证3年以上，并在申请前最近连续1个记分周期内没有满分记录，可以申请增加牵引车准驾车型。

A．正确　　　　　　B．错误

答案：B

3-014. 报考大型货车准驾车型科目三考试的，在取得驾驶技能准考证明满30日后预约。

A．正确　　　　　　B．错误

答案：B

3-015. 报考牵引车准驾车型科目三考试的在取得驾驶技能准考证明满40日后预约。

A．正确　　　　　　B．错误

答案：A

3-016. 年龄在60岁以上持有准驾车型为大型货车的驾驶人，应当到驾驶证核发地车辆管理所换领准驾车型为小型汽车的驾驶证。

A．正确　　　　　　B．错误

答案：A

3-017. 牵引车拖带挂车时，挂车必须装有有效的制动装置。

A．正确　　　　　　B．错误

答案：A

3-018. 半挂车倒车时转向盘转动方向与单车倒车方向相反。

A．正确　　　　　　B．错误

答案：A

3-019. 全挂车倒车时转向盘转动方向与单车倒车方向相反。

A．正确　　　　　　B．错误

答案：B

3-020. 道路较窄时，车辆转弯前应该注意摆位"借量"，右转需向左摆位。

A．正确　　　　　　B．错误

答案：A

3-021. 汽车列车转直角弯时，需先判断弯道情况，减速或停车后重新起步，缓慢通过。

A．正确　　　　　　B．错误

答案：A

3-022. 汽车列车的车身越长，转弯半径越小。

A．正确　　　　　　B．错误

答案：B

3-023. 汽车装载的货物越高，转弯时稳定性越差。

A．正确　　　　　　B．错误

答案：A

3-024. 汽车列车在转弯过程中，要注意提前做好让车准备。

A．正确　　　　　　B．错误

答案：A

3-025. 全挂列车倒车，要避免牵引车与挂车形成较大的角度。

A．正确　　　　　　B．错误

答案：B

3-026. 车辆下长坡过程中，遇制动鼓温度过高时，不要立即进入冷水中冷却，以免造成制动鼓损坏。

A．正确　　　　　　B．错误

答案：A

3-027. 载货汽车牵引挂车时，_____。

A．可牵引2辆挂车

B．可牵引3辆挂车

C．挂车的载质量不得超过牵引车载质量

D．允许牵引总质量超过本身载质量的挂车

答案：C

3-028. 重型、中型载货汽车，半挂车载物，高度从地面起不得超过_____。

A．4米　　　　　　B．4.2米

C．5米　　　　　　D．5.5米

答案：A

3-029. 货运机动车载物_____。

A．可超载20%

B．宽度可超过车身1米

C．允许超限

D．严禁超载

答案：D

3-030. 机动车运载超限不可解体物品影响交通安全的，应当按照 _____ 指定的时间、路线、速度行驶，并悬挂明显标志。

A．道路运输管理机构

B．公安机关交通管理部门

C．城市管理部门

D．安全监督部门

答案：B

3-031. 机动车载运危险化学品，应当经 _____ 批准后，按指定的时间、路线、速度行驶，悬挂警示标志并采取必要的安全措施。

A．公安机关　　　　B．道路运输管理机构

C．城市管理部门　　D．环保部门

答案：A

3-032. 货运机动车超过核定载质量，但没有超过核定载质量30%的，处 _____ 罚款。

A．100元以上200元以下

B．200元以上500元以下

C．500元以上1000元以下

D．1000元以上

答案：B

3-033. 货运机动车超过核定载质量，但没有超过核定载质量 _____ 的，处200元以上500元以下罚款。

A．15%　　　　　　B．20%

C．25%　　　　　　D．30%

答案：D

3-034. 货运机动车超过核定载质量30%或者违反规定载客的，处 _____ 罚款。

A．200元以上500元以下

B．500元

C．500元以上2000元以下

D．2000元以上

答案：C

3-035. 货运机动车超过核定载质量 _____ 或者违反规定载客的，处500元以上2000元以下罚款。

A．15%　　　　　　B．20%

C．25%　　　　　　D．30%

答案：D

3-036. 载货汽车从注册登记之日起，_____ 以内每年检验1次。

A．5年　　　　　　B．6年

C．8年　　　　　　D．10年

答案：D

3-037. 载货汽车从注册登记之日起，10年以内每年检验 _____。

A．1次　　　　　　B．2次

C．3次　　　　　　D．4次

答案：A

3-038. 载货汽车从注册登记之日起，超过10年的，每 _____ 检验1次。

A．6个月　　　　　B．1年

C．2年　　　　　　D．3年

答案：A

3-039. 载货汽车从注册登记之日起，超过10年的，每年检验 _____。

A．1次　　　　　　B．2次

C．3次　　　　　　D．4次

答案：B

3-040. 载运集装箱的车辆高度从地面起不得超过 _____。

A．5.5米　　　　　B．5米

C．4.5米　　　　　D．4.2米

答案：D

3-041. 货运机动车在留有安全位置的情况下，车厢内可以附载临时作业人员1至 _____。

A．5人　　　　　　B．6人

C．7人　　　　　　D．8人

答案：A

3-042. 载货汽车载物高度超过 _____ 时，货物上不得载人。

A．2米　　　　　　B．3米

C．4米　　　　　　D．车厢拦板

答案：D

3-043. 载货汽车、半挂牵引车、拖拉机 _____ 挂车。

A．不得牵引

B．只允许牵引1辆

C．允许牵引2辆

D．允许牵引3辆

答案：B

3-044. 机动车载运超限物品行经铁路道口时，应当按照当地 _____ 规定的铁路道口、时间通过。

A．交通部门　　　　B．公安部门

C．运输部门　　　　D．铁路部门

答案：D

3-045. 在高速公路上行驶的载货汽车最高车速不得超过每小时 _____。

A. 60公里　　　　　　B. 80公里
C. 100公里　　　　　　D. 120公里

答案：C

3-046. 申请增加 _____ 准驾车型的，不得有在造成人员死亡的交通事故中承担全部或主要责任的记录。

A. 大型客车、牵引车、中型客车
B. 小型汽车、小型自动挡汽车
C. 普通三轮摩托车、普通二轮摩托车、轻便摩托车
D. 低速载货汽车、三轮汽车

答案：A

3-047. 图中标志的含义是 _____。

A. 载货汽车驶入
B. 禁止载客汽车驶入
C. 禁止载货汽车驶入
D. 禁止机动车驶入

答案：C

3-048. 图中标志的含义是 _____。

A. 汽车拖、挂车驶入
B. 禁止机动车驶入
C. 禁止载货汽车驶入
D. 禁止汽车拖、挂车驶入

答案：D

3-049. 图中标志的含义是 _____。

A. 限制质量　　　　　　B. 限制轴重
C. 限制速度　　　　　　D. 限制长度

答案：A

3-050. 图中标志的含义是 _____。

A. 禁止机动车驶入
B. 禁止运输危险品车辆驶入
C. 禁止载货汽车驶入
D. 禁止小型车辆驶入

答案：B

3-051. 连接半挂车时，使牵引车的牵引座与挂车的牵引销连接后，将锁止杆置于"_____"位置。

A. 锁止　　　　　　B. 松开
C. 紧固　　　　　　D. 断开

答案：A

3-052. 分离半挂车时，先降下挂车支撑架，然后断开 _____，开启牵引座锁止机构，将牵引车驶离挂车。

A. 保险绳和拉簧
B. 制动管路接头和灯用电缆插头
C. 锁止臂
D. 牵引销

答案：B

3-053. 连接全挂车时，将牵引车的牵引钩与挂车挂钩连接好，并将牵引钩锁好，连接 _____。

A. 防护网　　　　　　B. 导线
C. 缓冲弹簧
D. 制动管路接头、灯用电缆插头等

答案：D

3-054. 寒冷状态下启动柴油车时，_____。

A. 直接启动
B. 将点火开关钥匙置于Ⅱ挡即可起动
C. 先将点火开关钥匙置于"ON"上预热，预热灯熄灭后再起动
D. 将点火开关钥匙置于Ⅲ挡即可起动

答案：C

3-055. 车辆下长坡过程中，当制动鼓温度过高时，_____。

A．要尽快进入水中冷却

B．千万不要立即进入水中冷却

C．可浇水冷却

D．不用理会

答案：B

3-056. 大型车辆起步前除要观察后视镜以外，还应 _____，以看清风窗玻璃前下方长 1.5 米、宽 3 米范围内的情况。

A．站起来观察前下方

B．下车观察前下方

C．观察前下视镜

D．伸出头观察前下方

答案：C

3-057. 汽车列车换挡减挡时机，要比单车 _____。

A．滞后　　　　　　B．提前

C．一样　　　　　　D．有时滞后，有时提前

答案：B

3-058. 汽车列车的车身越长，转弯半径 _____。

A．可能变大，也可能变小　B．越小

C．不变　　　　　　D．越大

答案：D

3-059. 汽车的车身越高，转弯时的稳定性 _____。

A．可能变差，也可能变好　B．越差

C．不变　　　　　　D．越好

答案：B

3-060. 汽车列车急转弯时，无论向左或向右，都应降低车速，低速沿车道的 _____ 通过。

A．内侧　　　　　　B．中间

C．外侧　　　　　　D．任意一侧

答案：C

3-061. 汽车列车转弯时，牵引车的尾部或挂车部分往往要借用对方车道。因此，驾驶汽车列车在转弯过程中要注意 _____。

A．做好让车准备　　　B．提前占道

C．靠内侧行驶　　　　D．连续鸣喇叭

答案：A

3-062. 全挂车倒车，要避免牵引车与挂车形成 _____。

A．较大的角度　　　　B．较小的角度

C．直线　　　　　　D．直角

答案：B

三、安全文明驾驶常识模拟试题（科目三）

（一）违法行为综合判断与案例分析

1. 单选题

1-001. 某日早上 6 时，冉某驾驶一辆大客车出发，连续行驶至上午 11 时，在宣汉县境内宣南路 1 公里处，坠于公路一侧垂直高度 8.5 米的陡坎下，造成 13 人死亡、9 人受伤。冉某的主要违法行为是什么？
A. 超速行驶　　　　B. 未按交通标线行驶
C. 客车超员　　　　D. 疲劳驾驶
答案：D

1-002. 某日 13 时 10 分，罗某驾驶一辆中型客车从高速公路 0 公里处出发，14 时 10 分行至该高速公路 125 公里加 200 米处时，发生追尾碰撞，机动车驶出西南侧路外边坡，造成 11 人死亡、2 人受伤。罗某的主要违法行为是什么？
A. 超速行驶　　　　B. 未按交通标线行驶
C. 客车超员　　　　D. 疲劳驾驶
答案：A

1-003. 何某驾驶一辆乘载 53 人的大客车（核载 47 人），行至宁合高速公路南京境内 454 公里加 100 米处，被一辆重型半挂牵引车追尾，导致大客车翻出路侧护栏并起火燃烧，造成 17 人死亡、27 人受伤。何某的主要违法行为是什么？
A. 超速行驶
B. 客车超员
C. 驾驶逾期未年检机动车
D. 操作不当
答案：B

1-004. 罗某驾驶大型卧铺客车（乘载 44 人，核载 44 人）行至沿河县境内 540 县道 58 公里加 500 米处时，在结冰路面以每小时 44 公里速度行驶，导致机动车侧滑翻下公路，造成 15 人死亡、27 人受伤。罗某的主要违法行为是什么？
A. 客车超员　　　　B. 超速行驶
C. 疲劳驾驶　　　　D. 操作不当
答案：B

1-005. 徐某驾驶一辆中型客车（乘载 27 人）行至四都镇前岭村壶南头路段，在上坡过程中，机动车发生后溜驶出路外坠入落差约 80 米的山崖，造成 11 人死亡、7 人受伤。徐某的主要违法行为是什么？
A. 疲劳驾驶　　　　B. 酒后驾驶
C. 客车超员　　　　D. 超速行驶
答案：C

1-006. 佟某驾驶一辆大客车（乘载 54 人，核载 55 人）行至太原境内以 45 公里的时速通过一处泥泞路段时，机动车侧滑驶出路外坠入深沟，导致 14 人死亡、40 人受伤。佟某的主要违法行为是什么？
A. 客车超员　　　　B. 超速行驶
C. 酒后驾驶　　　　D. 疲劳驾驶
答案：B

1-007. 郝某驾驶一辆载有 84.84 吨货物的重型自卸货车（核载 15.58 吨），行至滦县境内 262 省道 34 公里加 623 米处，与前方同向行驶的一辆载有 45.85 吨货物的货车（核载 1.71 吨）追尾碰撞后，侧翻撞向路边人群，造成 19 人死亡、17 人受伤。双方驾驶人共同的违法行为是什么？
A. 超速行驶　　　　B. 货车超载
C. 疲劳驾驶　　　　D. 酒后驾驶
答案：B

1-008. 周某驾驶一辆轻型厢式货车（搭载 22 人）行驶至丙察公路 79 公里加 150 米处时，坠入道路一侧山崖，造成 12 人死亡、10 人受伤。周某的主要违法行为是什么？
A. 驾驶逾期未检验的机动车
B. 货运机动车载客
C. 超速行驶
D. 疲劳驾驶
答案：B

1-009. 赵某（持有 A2 驾驶证）驾驶大型卧铺客车，行驶至叶城县境内 219 国道 226 公里加 215 米处转弯路段时，坠入道路一侧山沟，致 16 人死亡、26 人受伤。赵某的主要违法行为是什么？
A. 客车超员
B. 驾驶逾期未检验的机动车
C. 驾驶与准驾车型不符的机动车
D. 疲劳驾驶
答案：C

2. 多选题

1-010. 林某驾车以 110 公里 / 小时的速度在城市道路行驶，与一辆机动车追尾后弃车逃离被群众拦下。经鉴定，事发时林某血液中的酒精浓度为 135.8 毫克 / 百毫升。林某的主要违法行为是什么？

A. 醉酒驾驶　　　B. 超速驾驶

C. 疲劳驾驶　　　D. 肇事逃逸

答案：ABD

1-011. 周某夜间驾驶大货车在没有路灯的城市道路上以 90 公里 / 小时的速度行驶，一直开启远光灯，在通过一窄路时，因加速抢道，导致对面驶来的一辆小客车撞上右侧护栏。周某的主要违法行为是什么？

A. 超速行驶　　　B. 未按规定会车

C. 疲劳驾驶　　　D. 未按规定使用灯光

答案：ABD

1-012. 叶某驾驶中型厢式货车，行至陂头镇上汶线 3 公里加 600 米弯道路段时，以 40 公里 / 小时的速度与王某驾驶的乘载 19 人正三轮载货摩托车发生正面相撞，造成 10 人死亡、9 人受伤。双方驾驶人的主要违法行为是什么？

A. 叶某驾驶与准驾车型不符的机动车

B. 王某驾驶摩托车非法载客

C. 叶某超速行驶

D. 王某不按信号灯指示行驶

答案：BC

1-013. 某日 19 时，杨某驾驶大客车，乘载 57 人（核载 55 人），连续行驶至次日凌晨 1 时，在金城江区境内 050 国道 3008 公里加 110 米处，因机动车左前胎爆裂，造成 12 人死亡、22 人受伤的特大交通事故。杨某的主要违法行为是什么？

A. 疲劳驾驶　　　B. 客车超员

C. 超速行驶　　　D. 操作不当

答案：AB

1-014. 唐某驾驶一辆大客车，乘载 74 人（核载 30 人），以每小时 38 公里的速度，行至一连续下陡坡转弯路段时，机动车翻入路侧溪水内，造成 17 人死亡、57 人受伤。唐某的主要违法行为是什么？

A. 酒后驾驶　　　B. 客车超员

C. 疲劳驾驶　　　D. 超速行驶

答案：BD

1-015. 李某驾驶一辆大客车，乘载 21 人（核载 35 人），行驶途中察觉制动装置有异常但未处理，行至双岛海湾大桥时时速为 50 公里（该路段限速 40 公里），因制动失灵坠入海中，造成 13 人死亡、8 人受伤。李某的主要违法行为是什么？

A. 超速行驶

B. 疲劳驾驶

C. 客车超员

D. 驾驶具有安全隐患的机动车

答案：AD

1-016. 吴某驾驶一辆大客车，乘载 33 人（核载 22 人），行至 163 县道 7 公里加 300 米处时，机动车失控坠入山沟，造成 10 人死亡、21 人受伤。事后经酒精检测，吴某血液酒精含量为 26 毫克 / 百毫升。吴某的主要违法行为是什么？

A. 超速行驶　　　　　B. 客车超员

C. 疲劳驾驶　　　　　D. 酒后驾驶

答案：BD

1-017. 钱某驾驶大型卧铺客车，乘载 45 人（核载 40 人），保持 40 公里 / 小时以上的车速行至八宿县境内连续下坡急转弯路段处，翻下 100 米深的山崖，造成 17 人死亡、20 人受伤。钱某的主要违法行为是什么？

A. 驾驶时接听手机　　B. 超速行驶

C. 客车超员　　　　　D. 疲劳驾驶

答案：BC

1-018. 某日 3 时 40 分，孙某驾驶大客车（乘载 54 人，核载 55 人）行至随岳高速公路 229 公里加 300 米处，在停车下客过程中，被后方驶来李某驾驶的重型半挂机动车追尾，造成 26 人死亡、29 人受伤。事后查明，李某从昨日 18 时许出发，途中一直未休息。双方驾驶人的主要违法行为是什么？

A. 孙某违法停车　　　B. 孙某客车超员

C. 李某超速　　　　　D. 李某疲劳驾驶

答案：AD

1-019. 陶某驾驶中型客车（乘载 33 人），行至许平南高速公路 163 公里处时，以 120 公里 / 小时的速度与停在最内侧车道上安某驾驶的因事故无法移动的小客车（未设置警示标志）相撞，中型客车撞开右侧护栏侧翻，造成 16 人死亡、15 人受伤。双方驾驶人的主要违法行为是什么？

A．陶某客车超员

B．陶某超速行驶

C．安某未按规定设置警示（告）标志

D．安某违法停车

答案：ABC

1-020. 邹某驾驶大型卧铺客车（核载 35 人，实载 47 人），行至京港澳高速公路 938 公里时，因乘车人携带的大量危险化学品在车厢内突然发生爆燃，造成 41 人死亡、6 人受伤。此事故中主要违法行为是什么？

A．客车超员

B．乘车人携带易燃易爆危险物品

C．超速行驶

D．不按规定停车

答案：AB

1-021. 杨某驾驶改装小型客车（核载 9 人，实载 64 人，其中 62 人为幼儿园学生），行至榆林子镇马槽沟村处，占用对向车道逆行时与一辆重型自卸货车正面碰撞，造成 22 人死亡、44 人受伤。该起事故中的主要违法行为是什么？

A．货车超速行驶

B．非法改装机动车

C．客车超员

D．客车逆向行驶

答案：BCD

1-022. 戚某驾驶大客车，乘载 28 人（核载 55 人），由南向北行至一无交通信号控制的交叉路口，以 50 公里的时速与由东向西行至该路口李某驾驶的重型半挂牵引车（核载 40 吨，实载 55.2 吨）侧面相撞，造成 12 人死亡、17 人受伤。此事故中的主要违法行为是什么？

A．客车超员　　　B．客车超速行驶

C．货车超载　　　D．货车驾驶人经验不足

答案：BC

1-023. 彭某驾驶一辆重型半挂牵引车，载运 37.7 吨货物（核载 25 吨），行至大广高速公路一下坡路段，追尾碰撞一辆由李某驾驶在应急车道内行驶的重型自卸货车（货箱内装载 3.17 立方黄土并搭乘 24 人），造成 16 人死亡、13 人受伤。此事故中的主要违法行为是什么？

A．彭某超速行驶

B．彭某驾驶机动车超载

C．李某在应急车道内行驶

D．李某货车车厢内违法载人

答案：BCD

1-024. 石某驾驶低速载货机动车，运载 4.05 吨货物（核载 1.2 吨），行驶至宁津县境内 314 省道 51 公里加 260 米处，在越过道路中心线超越前方同向行驶的机动车时，与对向正常行驶的中型客车（乘载 12 人，核载 11 人）正面相撞，造成 10 人死亡、2 人受伤。此事故中的违法行为是什么？

A．货车超载　　　B．货车违法超车

C．客车超员　　　D．客车驾驶人疲劳驾驶

答案：ABC

1-025. 行车中驾驶人接打手机或发短信有什么危害？

A．影响乘车人休息

B．分散驾驶注意力

C．影响正常驾驶操作

D．遇紧急情况反应不及

答案：BCD

1-026. 下列做法哪些可以有效避免驾驶疲劳？

A．连续驾驶不超过 4 小时

B．用餐不宜过饱

C．保持良好的睡眠

D．餐后适当休息后驾车

答案：ABCD

1-027. 驾驶汽车超速行驶有哪些危害？

A．反应距离延长　　B．视野变窄

C．加重事故后果　　D．制动距离延长

答案：ABCD

中华人民共和国道路交通安全法

第一章　总则

第一条　为了维护道路交通秩序，预防和减少交通事故，保护人身安全，保护公民、法人和其他组织的财产安全及其他合法权益，提高通行效率，制定本法。

第二条　中华人民共和国境内的车辆驾驶人、行人、乘车人以及与道路交通活动有关的单位和个人，都应当遵守本法。

第三条　道路交通安全工作，应当遵循依法管理、方便群众的原则，保障道路交通有序、安全、畅通。

第四条　各级人民政府应当保障道路交通安全管理工作与经济建设和社会发展相适应。

县级以上地方各级人民政府应当适应道路交通发展的需要，依据道路交通安全法律、法规和国家有关政策，制定道路交通安全管理规划，并组织实施。

第五条　国务院公安部门负责全国道路交通安全管理工作。县级以上地方各级人民政府公安机关交通管理部门负责本行政区域内的道路交通安全管理工作。

县级以上各级人民政府交通、建设管理部门依据各自职责，负责有关的道路交通工作。

第六条　各级人民政府应当经常进行道路交通安全教育，提高公民的道路交通安全意识。

公安机关交通管理部门及其交通警察执行职务时，应当加强道路交通安全法律、法规的宣传，并模范遵守道路交通安全法律、法规。

机关、部队、企业事业单位、社会团体以及其他组织，应当对本单位的人员进行道路交通安全教育。

教育行政部门、学校应当将道路交通安全教育纳入法制教育的内容。

新闻、出版、广播、电视等有关单位，有进行道路交通安全教育的义务。

第七条　对道路交通安全管理工作，应当加强科学研究，推广、使用先进的管理方法、技术、设备。

第二章　车辆和驾驶人

第一节　机动车、非机动车

第八条　国家对机动车实行登记制度。机动车经公安机关交通管理部门登记后，方可上道路行驶。尚未登记的机动车，需要临时上道路行驶的，应当取得临时通行牌证。

第九条　申请机动车登记，应当提交以下证明、凭证：

（一）机动车所有人的身份证明；

（二）机动车来历证明；

（三）机动车整车出厂合格证明或者进口机动车进口凭证；

（四）车辆购置税的完税证明或者免税凭证；

（五）法律、行政法规规定应当在机动车登记时提交的其他证明、凭证。

公安机关交通管理部门应当自受理申请之日起五个工作日内完成机动车登记审查工作，对符合前款规定条件的，应当发放机动车登记证书、号牌和行驶证；对不符合前款规定条件的，应当向申请人说明不予登记的理由。

公安机关交通管理部门以外的任何单位或者个人不得发放机动车号牌或者要求机动车悬挂其他号牌，本法另有规定的除外。

机动车登记证书、号牌、行驶证的式样由国务院公安部门规定并监制。

第十条　准予登记的机动车应当符合机动车国家安全技术标准。申请机动车登记时，应当接受对该机动车的安全技术检验。但是，经国家机动车产品主管部门依据机动车国家安全技术标准认定的企业生产的机动车型，该车型的新车在出厂时经检验符合机动车国家安全技术标准，获得检验合格证的，免予安全技术检验。

第十一条　驾驶机动车上道路行驶，应当悬挂机动车号牌，放置检验合格标志、保险标志，并随车携带机动车行驶证。

机动车号牌应当按照规定悬挂并保持清晰、完整，不得故意遮挡、污损。

任何单位和个人不得收缴、扣留机动车号牌。

第十二条　有下列情形之一的，应当办理相应的登记：

（一）机动车所有权发生转移的；

（二）机动车登记内容变更的；

（三）机动车用作抵押的；

（四）机动车报废的。

第十三条　对登记后上道路行驶的机动车，应当依照法律、行政法规的规定，根据车辆用途、载客载货数量、使用年限等不同情况，定期进行安全技术检验。对提供机动车行驶证和机动车第三者责任强制保险单的，机动车安全技术检验机构应当予以检验，任何单位不得附加其他条件。对符合机动车国家安全技术标准的，公安机关交通管理部门应当发给检验合格标志。

对机动车的安全技术检验实行社会化。具体办法由国务院规定。

机动车安全技术检验实行社会化的地方，任何单位不得要求机动车到指定的场所进行检验。

公安机关交通管理部门、机动车安全技术检验机构不得要求机动车到指定的场所进行维修、保养。

机动车安全技术检验机构对机动车检验收取费用，应当严格执行国务院价格主管部门核定的收费标准。

第十四条　国家实行机动车强制报废制度，根据机动车的安全技术状况和不同用途，规定不同的报废标准。

应当报废的机动车必须及时办理注销登记。

达到报废标准的机动车不得上道路行驶。报废的大型客、货车及其他营运车辆应当在公安机关交通管理部门的监督下解体。

第十五条　警车、消防车、救护车、工程救险车应当按照规定喷涂标志图案，安装警报器、标志灯具。其他机动车不得喷涂、安装、使用上述车辆专用的或者与其相类似的标志图案、警报器或者标志灯具。

警车、消防车、救护车、工程救险车应当严格按照规定的用途和条件使用。

公路监督检查的专用车辆，应当依照公路法的规定，设置统一的标志和示警灯。

第十六条　任何单位或者个人不得有下列行为：

（一）拼装机动车或者擅自改变机动车已登记的结构、构造或者特征；

（二）改变机动车型号、发动机号、车架号或者车辆识别代号；

（三）伪造、变造或者使用伪造、变造的机动车登记证书、号牌、行驶证、检验合格标志、保险标志；

（四）使用其他机动车的登记证书、号牌、行驶证、检验合格标志、保险标志。

第十七条　国家实行机动车第三者责任强制保险制度，设立道路交通事故社会救助基金。具体办法由国务院规定。

第十八条　依法应当登记的非机动车，经公安机关交通管理部门登记后，方可上道路行驶。

依法应当登记的非机动车的种类，由省、自治区、直辖市人民政府根据当地实际情况规定。

非机动车的外形尺寸、质量、制动器、车铃和夜间反光装置，应当符合非机动车安全技术标准。

第二节　机动车驾驶人

第十九条　驾驶机动车，应当依法取得机动车驾驶证。

申请机动车驾驶证，应当符合国务院公安部门规定的驾驶许可条件；经考试合格后，由公安机关交通管理部门发给相应类别的机动车驾驶证。

持有境外机动车驾驶证的人，符合国务院公安部门规定的驾驶许可条件，经公安机关交通管理部门考核合格的，可以发给中国的机动车驾驶证。

驾驶人应当按照驾驶证载明的准驾车型驾驶机动车；驾驶机动车时，应当随身携带机动车驾驶证。

公安机关交通管理部门以外的任何单位或者个人，不得收缴、扣留机动车驾驶证。

第二十条　机动车的驾驶培训实行社会化，由交通主管部门对驾驶培训学校、驾驶培训班实行资格管理，其中专门的拖拉机驾驶培训学校、驾驶培训班由农业（农业机械）主管部门实行资格管理。

驾驶培训学校、驾驶培训班应当严格按照国家有关规定，对学员进行道路交通安全法律、法规、驾驶技能的培训，确保培训质量。

任何国家机关以及驾驶培训和考试主管部门不得举办或者参与举办驾驶培训学校、驾驶培训班。

第二十一条　驾驶人驾驶机动车上道路行驶前，应当对机动车的安全技术性能进行认真检查；不得驾驶安全设施不全或者机件不符合技术标准等具有安全隐患的机动车。

第二十二条　机动车驾驶人应当遵守道路交通安全法律、法规的规定，按照操作规范安全驾驶、文明驾驶。

饮酒、服用国家管制的精神药品或者麻醉药品，或者患有妨碍安全驾驶机动车的疾病，或者过度疲劳影响安全驾驶的，不得驾驶机动车。

任何人不得强迫、指使、纵容驾驶人违反道路交通安全法律、法规和机动车安全驾驶要求驾驶机动车。

第二十三条　公安机关交通管理部门依照法律、行政法规的规定，定期对机动车驾驶证实施审验。

第二十四条　公安机关交通管理部门对机动车驾驶人违反道路交通安全法律、法规的行为，除依法给予行政处罚外，实行累积记分制度。公安机关交通管理部门对累积记分达到规定分值的机动车驾驶人，扣留机动车驾驶证，对其进行道路交通安全法律、法规教育，重新考试；考试合格的，发还其机动车驾驶证。

对遵守道路交通安全法律、法规，在一年内无累积记分的机动车驾驶人，可以延长机动车驾驶证的审验期。具体办法由国务院公安部门规定。

第三章　道路通行条件

第二十五条　全国实行统一的道路交通信号。

交通信号包括交通信号灯、交通标志、交通标线和交通警察的指挥。

交通信号灯、交通标志、交通标线的设置应当符合道路交通安全、畅通的要求和国家标准，并保持清晰、醒目、准确、完好。

根据通行需要，应当及时增设、调换、更新道路交通信号。增设、调换、更新限制性的道路交通信号，应当提前向社会公告，广泛进行宣传。

第二十六条　交通信号灯由红灯、绿灯、黄灯组成。红灯表示禁止通行，绿灯表示准许通行，黄灯表示警示。

第二十七条　铁路与道路平面交叉的道口，应当设置警示灯、警示标志或者安全防护设施。无人看守的铁路道口，应当在距道口一定距离处设置警示标志。

第二十八条　任何单位和个人不得擅自设置、移动、占用、损毁交通信号灯、交通标志、交通标线。

道路两侧及隔离带上种植的树木或者其他植物，设置的广告牌、管线等，应当与交通设施保持必要的距离，不得遮挡路灯、交通信号灯、交通标志，不得妨碍安全视距，不得影响通行。

第二十九条　道路、停车场和道路配套设施的规划、设计、建设，应当符合道路交通安全、畅通的要求，并根据交通需求及时调整。

公安机关交通管理部门发现已经投入使用的道路存在交通事故频发路段，或者停车场、道路配套设施存在交通安全严重隐患的，应当及时向当地人民政府报告，并提出防范交通事故、消除隐患的建议，当地人民政府应当及时做出处理决定。

第三十条　道路出现坍塌、坑槽、水毁、隆起等损毁或者交通信号灯、交通标志、交通标线等交通设施损毁、灭失的，道路、交通设施的养护部门或者管理部门应当设置警示标志并及时修复。

公安机关交通管理部门发现前款情形，危及交通安全，尚未设置警示标志的，应当及时采取安全措施，疏导交通，并通知道路、交通设施的养护部门或者管理部门。

第三十一条　未经许可，任何单位和个人不得占用道路从事非交通活动。

第三十二条　因工程建设需要占用、挖掘道路，或者跨越、穿越道路架设、增设管线设施，应当事先征得道路主管部门的同意；影响交通安全的，还应当征得公安机关交通管理部门的同意。

施工作业单位应当在经批准的路段和时间内施工作业，并在距离施工作业地点来车方向安全距离处设置明显的安全警示标志，采取防护措施；施工作业完毕，应当迅速清除道路上的障碍物，消除安全隐患，经道路主管部门和公安机关交通管理部门验收合格，符合通行要求后，方可恢复通行。

对未中断交通的施工作业道路，公安机关交通管理部门应当加强交通安全监督检查，维护道路交通秩序。

第三十三条　新建、改建、扩建的公共建筑、商业街区、居住区、大（中）型建筑等，应当配建、增建停车场；停车泊位不足的，应当及时改建或者扩建；投入使用的停车场不得擅自停止使用或者改作他用。

在城市道路范围内，在不影响行人、车辆通行的情况下，政府有关部门可以施划停车泊位。

第三十四条　学校、幼儿园、医院、养老院门前的道路没有行人过街设施的，应当施划人行横道线，设置提示标志。

城市主要道路的人行道，应当按照规划设置盲道。盲道的设置应当符合国家标准。

第四章　道路通行规定

第一节　一般规定

第三十五条　机动车、非机动车实行右侧通行。

第三十六条　根据道路条件和通行需要，道路划分为机动车道、非机动车道和人行道的，机动车、非机动车、行人实行分道通行。没有划分机动车道、非机动车道和人行道的，机动车在道路中间通行，非机动车和行人在道路两侧通行。

第三十七条　道路划设专用车道的，在专用车道内，只准许规定的车辆通行，其他车辆不得进入专用车道内行驶。

第三十八条　车辆、行人应当按照交通信号通行；遇有交通警察现场指挥时，应当按照交通警察的指挥通行；在没有交通信号的道路上，应当在确保安全、畅通的原则下通行。

第三十九条　公安机关交通管理部门根据道路和交通流量的具体情况，可以对机动车、非机动车、行人采取疏导、限制通行、禁止通行等措施。遇有大型群众性活动、大范围施工等情况，需要采取限制交通的措施，或者做出与公众的道路交通活动直接有关的决定，应当提前向社会公告。

第四十条　遇有自然灾害、恶劣气象条件或者重大交通事故等严重影响交通安全的情形，采取其他措施难以保证交通安全时，公安机关交通管理部门可以实行交通管制。

第四十一条　有关道路通行的其他具体规定，由国务院规定。

第二节　机动车通行规定

第四十二条　机动车上道路行驶，不得超过限速标志标明的最高时速。在没有限速标志的路段，应当保持安全车速。

夜间行驶或者在容易发生危险的路段行驶，以及遇有沙尘、冰雹、雨、雪、雾、结冰等气象条件时，应当降低行驶速度。

第四十三条　同车道行驶的机动车，后车应当与前车保持足以采取紧急制动措施的安全距离。有下列情形之一的，不得超车：

（一）前车正在左转弯、掉头、超车的；

（二）与对面来车有会车可能的；

（三）前车为执行紧急任务的警车、消防车、救护车、工程救险车的；

（四）行经铁路道口、交叉路口、窄桥、弯道、陡坡、隧道、人行横道、市区交通流量大的路段等没有超车条件的。

第四十四条　机动车通过交叉路口，应当按照交通信号灯、交通标志、交通标线或者交通警察的指挥通过；通过没有交通信号灯、交通标志、交通标线或者交通警察指挥的交叉路口时，应当减速慢行，并让行人和优先通行的车辆先行。

第四十五条　机动车遇有前方车辆停车排队等候或者缓慢行驶时，不得借道超车或者占用对面车道，不得穿插等候的车辆。

在车道减少的路段、路口，或者在没有交通信号灯、交通标志、交通标线或者交通警察指挥的交叉路口遇到停车排队等候或者缓慢行驶时，机动车应当依次交替通行。

第四十六条　机动车通过铁路道口时，应当按照交通信号或者管理人员的指挥通行；没有交通信号或者管理人员的，应当减速或者停车，在确认安全后通过。

第四十七条　机动车行经人行横道时，应当减速行驶；遇行人正在通过人行横道，应当停车让行。

机动车行经没有交通信号的道路时，遇行人横过道路，应当避让。

第四十八条　机动车载物应当符合核定的载质量，严禁超载；载物的长、宽、高不得违反装载要求，不得遗洒、飘散载运物。

机动车运载超限的不可解体的物品，影响交通安全的，应当按照公安机关交通管理部门指定的时间、路线、速度行驶，悬挂明显标志。在公路上运载超限的不可解体的物品，并应当依照公路法的规定执行。

机动车载运爆炸物品、易燃易爆化学物品以及剧毒、放射性等危险物品，应当经公安机关批准后，按指定的时间、路线、速度行驶，悬挂警示标志并采取必要的安全措施。

第四十九条　机动车载人不得超过核定的人数，客运机动车不得违反规定载货。

第五十条　禁止货运机动车载客。

货运机动车需要附载作业人员的，应当设置保护作业人员的安全措施。

第五十一条　机动车行驶时，驾驶人、乘坐人员应当按规定使用安全带，摩托车驾驶人及乘坐人员应当按规定戴安全头盔。

第五十二条　机动车在道路上发生故障，需要停车排除故障时，驾驶人应当立即开启危险报警闪光灯，将机动车移至不妨碍交通的地方停放；难以移动的，应当持续开启危险报警闪光灯，并在来车方向设置警告标志等措施扩大示警距离，必要时迅速报警。

第五十三条　警车、消防车、救护车、工程救险车执行紧急任务时，可以使用警报器、标志灯具；在确保安全的前提下，不受行驶路线、行驶方向、行驶速度和信号灯的限制，其他车辆和行人应当让行。

警车、消防车、救护车、工程救险车非执行紧急任务时，不得使用警报器、标志灯具，不享有前款规定的道路优先通行权。

第五十四条　道路养护车辆、工程作业车进行作业时，在不影响过往车辆通行的前提下，其行驶路线和方向不受交通标志、标线限制，过往车辆和人员应当注意避让。

洒水车、清扫车等机动车应当按照安全作业标准作业；在不影响其他车辆通行的情况下，可以不受车辆分道行驶的限制，但是不得逆向行驶。

第五十五条　高速公路、大中城市中心城区内的道路，禁止拖拉机通行。其他禁止拖拉机通行的道路，由省、自治区、直辖市人民政府根据当地实际情况规定。

在允许拖拉机通行的道路上，拖拉机可以从事货运，但是不得用于载人。

第五十六条　机动车应当在规定地点停放。禁止在人行道上停放机动车；但是，依照本法第三十三条规定施划的停车泊位除外。

在道路上临时停车的，不得妨碍其他车辆和行人通行。

第三节　非机动车通行规定

第五十七条　驾驶非机动车在道路上行驶应当遵守有关交通安全的规定。非机动车应当在非机动车道内行驶；在没有非机动车道的道路上，应当靠车行道的右侧行驶。

第五十八条　残疾人机动轮椅车、电动自行车在非机动车道内行驶时，最高时速不得超过十五公里。

第五十九条　非机动车应当在规定地点停放。未设停放地点的，非机动车停放不得妨碍其他车辆和行人通行。

第六十条　驾驭畜力车，应当使用驯服的牲畜；驾驭畜力车横过道路时，驾驭人应当下车牵引牲畜；驾驭人离开车辆时，应当拴系牲畜。

第四节 行人和乘车人通行规定

第六十一条 行人应当在人行道内行走，没有人行道的靠路边行走。

第六十二条 行人通过路口或者横过道路，应当走人行横道或者过街设施；通过有交通信号灯的人行横道，应当按照交通信号灯指示通行；通过没有交通信号灯、人行横道的路口，或者在没有过街设施的路段横过道路，应当在确认安全后通过。

第六十三条 行人不得跨越、倚坐道路隔离设施，不得扒车、强行拦车或者实施妨碍道路交通安全的其他行为。

第六十四条 学龄前儿童以及不能辨认或者不能控制自己行为的精神疾病患者、智力障碍者在道路上通行，应当由其监护人、监护人委托的人或者对其负有管理、保护职责的人带领。

盲人在道路上通行，应当使用盲杖或者采取其他导盲手段，车辆应当避让盲人。

第六十五条 行人通过铁路道口时，应当按照交通信号或者管理人员的指挥通行；没有交通信号和管理人员的，应当在确认无火车驶临后，迅速通过。

第六十六条 乘车人不得携带易燃易爆等危险物品，不得向车外抛洒物品，不得有影响驾驶人安全驾驶的行为。

第五节 高速公路的特别规定

第六十七条 行人、非机动车、拖拉机、轮式专用机械车、铰接式客车、全挂拖斗车以及其他设计最高时速低于七十公里的机动车，不得进入高速公路。高速公路限速标志标明的最高时速不得超过一百二十公里。

第六十八条 机动车在高速公路上发生故障时，应当依照本法第五十二条的有关规定办理；但是，警告标志应当设置在故障车来车方向一百五十米以外，车上人员应当迅速转移到右侧路肩上或者应急车道内，并且迅速报警。

机动车在高速公路上发生故障或者交通事故，无法正常行驶的，应当由救援车、清障车拖曳、牵引。

第六十九条 任何单位、个人不得在高速公路上拦截检查行驶的车辆，公安机关的人民警察依法执行紧急公务除外。

第五章 交通事故处理

第七十条 在道路上发生交通事故，车辆驾驶人应当立即停车，保护现场；造成人身伤亡的，车辆驾驶人应当立即抢救受伤人员，并迅速报告执勤的交通警察或者公安机关交通管理部门。因抢救受伤人员变动现场的，应当标明位置。乘车人、过往车辆驾驶人、过往行人应当予以协助。

在道路上发生交通事故，未造成人身伤亡，当事人对事实及成因无争议的，可以即行撤离现场，恢复交通，自行协商处理损害赔偿事宜；不即行撤离现场的，应当迅速报告执勤的交通警察或者公安机关交通管理部门。

在道路上发生交通事故，仅造成轻微财产损失，并且基本事实清楚的，当事人应当先撤离现场再进行协商处理。

第七十一条　车辆发生交通事故后逃逸的，事故现场目击人员和其他知情人员应当向公安机关交通管理部门或者交通警察举报。举报属实的，公安机关交通管理部门应当给予奖励。

第七十二条　公安机关交通管理部门接到交通事故报警后，应当立即派交通警察赶赴现场，先组织抢救受伤人员，并采取措施，尽快恢复交通。

交通警察应当对交通事故现场进行勘验、检查，收集证据；因收集证据的需要，可以扣留事故车辆，但是应当妥善保管，以备核查。

对当事人的生理、精神状况等专业性较强的检验，公安机关交通管理部门应当委托专门机构进行鉴定。鉴定结论应当由鉴定人签名。

第七十三条　公安机关交通管理部门应当根据交通事故现场勘验、检查、调查情况和有关的检验、鉴定结论，及时制作交通事故认定书，作为处理交通事故的证据。交通事故认定书应当载明交通事故的基本事实、成因和当事人的责任，并送达当事人。

第七十四条　对交通事故损害赔偿的争议，当事人可以请求公安机关交通管理部门调解，也可以直接向人民法院提起民事诉讼。

经公安机关交通管理部门调解，当事人未达成协议或者调解书生效后不履行的，当事人可以向人民法院提起民事诉讼。

第七十五条　医疗机构对交通事故中的受伤人员应当及时抢救，不得因抢救费用未及时支付而拖延救治。肇事车辆参加机动车第三者责任强制保险的，由保险公司在责任限额范围内支付抢救费用；抢救费用超过责任限额的，未参加机动车第三者责任强制保险或者肇事后逃逸的，由道路交通事故社会救助基金先行垫付部分或者全部抢救费用，道路交通事故社会救助基金管理机构有权向交通事故责任人追偿。

第七十六条　机动车发生交通事故造成人身伤亡、财产损失的，由保险公司在机动车第三者责任强制保险责任限额范围内予以赔偿；不足的部分，按照下列规定承担赔偿责任：

（一）机动车之间发生交通事故的，由有过错的一方承担赔偿责任；双方都有过错的，按照各自过错的比例分担责任。

（二）机动车与非机动车驾驶人、行人之间发生交通事故，非机动车驾驶人、行人没有过错的，由机动车一方承担赔偿责任；有证据证明非机动车驾驶人、行人有过错的，根据过错程度适当减轻机动车一方的赔偿责任；机动车一方没有过错的，承担不超过百分之十的赔偿责任。

交通事故的损失是由非机动车驾驶人、行人故意碰撞机动车造成的，机动车一方不承担赔偿责任。

第七十七条　车辆在道路以外通行时发生的事故，公安机关交通管理部门接到报案的，参照本法有关规定办理。

第六章　执法监督

第七十八条　公安机关交通管理部门应当加强对交通警察的管理，提高交通警察的素质和管理道路交通的水平。

公安机关交通管理部门应当对交通警察进行法制和交通安全管理业务培训、考核。交通警察经考核不合格的，不得上岗执行职务。

第七十九条　公安机关交通管理部门及其交通警察实施道路交通安全管理，应当依据法定的职权和程序，简化办事手续，做到公正、严格、文明、高效。

第八十条　交通警察执行职务时，应当按照规定着装，佩戴人民警察标志，持有人民警察证件，保持警容严整，举止端庄，指挥规范。

第八十一条　依照本法发放牌证等收取工本费，应当严格执行国务院价格主管部门核定的收费标准，并全部上缴国库。

第八十二条　公安机关交通管理部门依法实施罚款的行政处罚，应当依照有关法律、行政法规的规定，实施罚款决定与罚款收缴分离；收缴的罚款以及依法没收的违法所得，应当全部上缴国库。

第八十三条　交通警察调查处理道路交通安全违法行为和交通事故，有下列情形之一的，应当回避：

（一）是本案的当事人或者当事人的近亲属；

（二）本人或者其近亲属与本案有利害关系；

（三）与本案当事人有其他关系，可能影响案件的公正处理。

第八十四条　公安机关交通管理部门及其交通警察的行政执法活动，应当接受行政监察机关依法实施的监督。

公安机关督察部门应当对公安机关交通管理部门及其交通警察执行法律、法规和遵守纪律的情况依法进行监督。

上级公安机关交通管理部门应当对下级公安机关交通管理部门的执法活动进行监督。

第八十五条 公安机关交通管理部门及其交通警察执行职务，应当自觉接受社会和公民的监督。

任何单位和个人都有权对公安机关交通管理部门及其交通警察不严格执法以及违法违纪行为进行检举、控告。收到检举、控告的机关，应当依据职责及时查处。

第八十六条 任何单位不得给公安机关交通管理部门下达或者变相下达罚款指标；公安机关交通管理部门不得以罚款数额作为考核交通警察的标准。

公安机关交通管理部门及其交通警察对超越法律、法规规定的指令，有权拒绝执行，并同时向上级机关报告。

第七章 法律责任

第八十七条 公安机关交通管理部门及其交通警察对道路交通安全违法行为，应当及时纠正。

公安机关交通管理部门及其交通警察应当依据事实和本法的有关规定对道路交通安全违法行为予以处罚。对于情节轻微，未影响道路通行的，指出违法行为，给予口头警告后放行。

第八十八条 对道路交通安全违法行为的处罚种类包括：警告、罚款、暂扣或者吊销机动车驾驶证、拘留。

第八十九条 行人、乘车人、非机动车驾驶人违反道路交通安全法律、法规关于道路通行规定的，处警告或者五元以上五十元以下罚款；非机动车驾驶人拒绝接受罚款处罚的，可以扣留其非机动车。

第九十条 机动车驾驶人违反道路交通安全法律、法规关于道路通行规定的，处警告或者二十元以上二百元以下罚款。本法另有规定的，依照规定处罚。

第九十一条 饮酒后驾驶机动车的，处暂扣六个月机动车驾驶证，并处一千元以上二千元以下罚款。因饮酒后驾驶机动车被处罚，再次饮酒后驾驶机动车的，处十日以下拘留，并处一千元以上二千元以下罚款，吊销机动车驾驶证。

醉酒驾驶机动车的，由公安机关交通管理部门约束至酒醒，吊销机动车驾驶证，依法追究刑事责任；五年内不得重新取得机动车驾驶证。

饮酒后驾驶营运机动车的，处十五日拘留，并处五千元罚款，吊销机动车驾驶证，五年内不得重新取得机动车驾驶证。

醉酒驾驶营运机动车的，由公安机关交通管理部门约束至酒醒，吊销机动车驾驶证，依法追究刑事责任；十年内不得重新取得机动车驾驶证，重新取得机动车驾驶证后，不得驾驶营运机动车。

饮酒后或者醉酒驾驶机动车发生重大交通事故，构成犯罪的，依法追究刑事责任，并由公安机关交通管理部门吊销机动车驾驶证，终生不得重新取得机动车驾驶证。

第九十二条　公路客运车辆载客超过额定乘员的，处二百元以上五百元以下罚款；超过额定乘员百分之二十或者违反规定载货的，处五百元以上二千元以下罚款。

货运机动车超过核定载质量的，处二百元以上五百元以下罚款；超过核定载质量百分之三十或者违反规定载客的，处五百元以上二千元以下罚款。

有前两款行为的，由公安机关交通管理部门扣留机动车至违法状态消除。

运输单位的车辆有本条第一款、第二款规定的情形，经处罚不改的，对直接负责的主管人员处二千元以上五千元以下罚款。

第九十三条　对违反道路交通安全法律、法规关于机动车停放、临时停车规定的，可以指出违法行为，并予以口头警告，令其立即驶离。

机动车驾驶人不在现场或者虽在现场但拒绝立即驶离，妨碍其他车辆、行人通行的，处二十元以上二百元以下罚款，并可以将该机动车拖移至不妨碍交通的地点或者公安机关交通管理部门指定的地点停放。公安机关交通管理部门拖车不得向当事人收取费用，并应当及时告知当事人停放地点。

因采取不正确的方法拖车造成机动车损坏的，应当依法承担补偿责任。

第九十四条　机动车安全技术检验机构实施机动车安全技术检验超过国务院价格主管部门核定的收费标准收取费用的，退还多收取的费用，并由价格主管部门依照《中华人民共和国价格法》的有关规定给予处罚。

机动车安全技术检验机构不按照机动车国家安全技术标准进行检验，出具虚假检验结果的，由公安机关交通管理部门处所收检验费用五倍以上十倍以下罚款，并依法撤销其检验资格；构成犯罪的，依法追究刑事责任。

第九十五条　上道路行驶的机动车未悬挂机动车号牌，未放置检验合格标志、保险标志，或者未随车携带行驶证、驾驶证的，公安机关交通管理部门应当扣留机动车，通知当事人提供相应的牌证、标志或者补办相应手续，并可以依照本法第九十条的规定予以处罚。当事人提供相应的牌证、标志或者补办相应手续的，应当及时退还机动车。

故意遮挡、污损或者不按规定安装机动车号牌的，依照本法第九十条的规定予以处罚。

第九十六条　伪造、变造或者使用伪造、变造的机动车登记证书、号牌、行驶证、驾驶证的，由公安机关交通管理部门予以收缴，扣留该机动车，处十五日以下拘留，并处二千元以上五千元以下罚款；构成犯罪的，依法追究刑事责任。

伪造、变造或者使用伪造、变造的检验合格标志、保险标志的，由公安机关交通管理部门予以收缴，扣留该机动车，处十日以下拘留，并处一千元以上三千元以下罚款；构成犯罪的，依法追究刑事责任。

使用其他车辆的机动车登记证书、号牌、行驶证、检验合格标志、保险标志的，由公安机关交通管理部门予以收缴，扣留该机动车，处二千元以上五千元以下罚款。

当事人提供相应的合法证明或者补办相应手续的，应当及时退还机动车。

第九十七条　非法安装警报器、标志灯具的，由公安机关交通管理部门强制拆除，予以收缴，并处二百元以上二千元以下罚款。

第九十八条　机动车所有人、管理人未按照国家规定投保机动车第三者责任强制保险的，由公安机关交通管理部门扣留车辆至依照规定投保后，并处依照规定投保最低责任限额应缴纳的保险费的二倍罚款。

依照前款缴纳的罚款全部纳入道路交通事故社会救助基金。具体办法由国务院规定。

第九十九条　有下列行为之一的，由公安机关交通管理部门处二百元以上二千元以下罚款：

（一）未取得机动车驾驶证、机动车驾驶证被吊销或者机动车驾驶证被暂扣期间驾驶机动车的；

（二）将机动车交由未取得机动车驾驶证或者机动车驾驶证被吊销、暂扣的人驾驶的；

（三）造成交通事故后逃逸，尚不构成犯罪的；

（四）机动车行驶超过规定时速百分之五十的；

（五）强迫机动车驾驶人违反道路交通安全法律、法规和机动车安全驾驶要求驾驶机动车，造成交通事故，尚不构成犯罪的；

（六）违反交通管制的规定强行通行，不听劝阻的；

（七）故意损毁、移动、涂改交通设施，造成危害后果，尚不构成犯罪的；

（八）非法拦截、扣留机动车辆，不听劝阻，造成交通严重阻塞或者较大财产损失的。

行为人有前款第二项、第四项情形之一的，可以并处吊销机动车驾驶证；有第一项、第三项、第五项至第八项情形之一的，可以并处十五日以下拘留。

第一百条　驾驶拼装的机动车或者已达到报废标准的机动车上道路行驶的，公安机关交通管理部门应当予以收缴，强制报废。

对驾驶前款所列机动车上道路行驶的驾驶人,处二百元以上二千元以下罚款,并吊销机动车驾驶证。

出售已达到报废标准的机动车的,没收违法所得,处销售金额等额的罚款,对该机动车依照本条第一款的规定处理。

第一百零一条　违反道路交通安全法律、法规的规定,发生重大交通事故,构成犯罪的,依法追究刑事责任,并由公安机关交通管理部门吊销机动车驾驶证。

造成交通事故后逃逸的,由公安机关交通管理部门吊销机动车驾驶证,且终生不得重新取得机动车驾驶证。

第一百零二条　对六个月内发生二次以上特大交通事故负有主要责任或者全部责任的专业运输单位,由公安机关交通管理部门责令消除安全隐患,未消除安全隐患的机动车,禁止上道路行驶。

第一百零三条　国家机动车产品主管部门未按照机动车国家安全技术标准严格审查,许可不合格机动车型投入生产的,对负有责任的主管人员和其他直接责任人员给予降级或者撤职的行政处分。

机动车生产企业经国家机动车产品主管部门许可生产的机动车型,不执行机动车国家安全技术标准或者不严格进行机动车成品质量检验,致使质量不合格的机动车出厂销售的,由质量技术监督部门依照《中华人民共和国产品质量法》的有关规定给予处罚。

擅自生产、销售未经国家机动车产品主管部门许可生产的机动车型的,没收非法生产、销售的机动车成品及配件,可以并处非法产品价值三倍以上五倍以下罚款;有营业执照的,由工商行政管理部门吊销营业执照,没有营业执照的,予以查封。

生产、销售拼装的机动车或者生产、销售擅自改装的机动车的,依照本条第三款的规定处罚。

有本条第二款、第三款、第四款所列违法行为,生产或者销售不符合机动车国家安全技术标准的机动车,构成犯罪的,依法追究刑事责任。

第一百零四条　未经批准,擅自挖掘道路、占用道路施工或者从事其他影响道路交通安全活动的,由道路主管部门责令停止违法行为,并恢复原状,可以依法给予罚款;致使通行的人员、车辆及其他财产遭受损失的,依法承担赔偿责任。

有前款行为,影响道路交通安全活动的,公安机关交通管理部门可以责令停止违法行为,迅速恢复交通。

第一百零五条　道路施工作业或者道路出现损毁,未及时设置警示标志、未采取防护措施,或者应当设置交通信号灯、交通标志、交通标线而没有设置或者应当及时变更交通信号灯、交通标志、交通标线而没有及时变更，致使通行的人员、车辆及其他财产遭受损失的，负有相关职责的单位应当依法承担赔偿责任。

第一百零六条 在道路两侧及隔离带上种植树木、其他植物或者设置广告牌、管线等，遮挡路灯、交通信号灯、交通标志，妨碍安全视距的，由公安机关交通管理部门责令行为人排除妨碍；拒不执行的，处二百元以上二千元以下罚款，并强制排除妨碍，所需费用由行为人负担。

第一百零七条 对道路交通违法行为人予以警告、二百元以下罚款，交通警察可以当场作出行政处罚决定，并出具行政处罚决定书。

行政处罚决定书应当载明当事人的违法事实、行政处罚的依据、处罚内容、时间、地点以及处罚机关名称，并由执法人员签名或者盖章。

第一百零八条 当事人应当自收到罚款的行政处罚决定书之日起十五日内，到指定的银行缴纳罚款。

对行人、乘车人和非机动车驾驶人的罚款，当事人无异议的，可以当场予以收缴罚款。

罚款应当开具省、自治区、直辖市财政部门统一制发的罚款收据；不出具财政部门统一制发的罚款收据的，当事人有权拒绝缴纳罚款。

第一百零九条 当事人逾期不履行行政处罚决定的，作出行政处罚决定的行政机关可以采取下列措施：

（一）到期不缴纳罚款的，每日按罚款数额的百分之三加处罚款；

（二）申请人民法院强制执行。

第一百一十条 执行职务的交通警察认为应当对道路交通违法行为人给予暂扣或者吊销机动车驾驶证处罚的，可以先予扣留机动车驾驶证，并在二十四小时内将案件移交公安机关交通管理部门处理。

道路交通违法行为人应当在十五日内到公安机关交通管理部门接受处理。无正当理由逾期未接受处理的，吊销机动车驾驶证。

公安机关交通管理部门暂扣或者吊销机动车驾驶证的，应当出具行政处罚决定书。

第一百一十一条 对违反本法规定予以拘留的行政处罚，由县、市公安局、公安分局或者相当于县一级的公安机关裁决。

第一百一十二条 公安机关交通管理部门扣留机动车、非机动车，应当当场出具凭证，并告知当事人在规定期限内到公安机关交通管理部门接受处理。

公安机关交通管理部门对被扣留的车辆应当妥善保管，不得使用。

逾期不来接受处理，并且经公告三个月仍不来接受处理的，对扣留的车辆依法处理。

第一百一十三条　暂扣机动车驾驶证的期限从处罚决定生效之日起计算；处罚决定生效前先予扣留机动车驾驶证的，扣留一日折抵暂扣期限一日。

吊销机动车驾驶证后重新申请领取机动车驾驶证的期限，按照机动车驾驶证管理规定办理。

第一百一十四条　公安机关交通管理部门根据交通技术监控记录资料，可以对违法的机动车所有人或者管理人依法予以处罚。对能够确定驾驶人的，可以依照本法的规定依法予以处罚。

第一百一十五条　交通警察有下列行为之一的，依法给予行政处分：

（一）为不符合法定条件的机动车发放机动车登记证书、号牌、行驶证、检验合格标志的；

（二）批准不符合法定条件的机动车安装、使用警车、消防车、救护车、工程救险车的警报器、标志灯具，喷涂标志图案的；

（三）为不符合驾驶许可条件、未经考试或者考试不合格人员发放机动车驾驶证的；

（四）不执行罚款决定与罚款收缴分离制度或者不按规定将依法收取的费用、收缴的罚款及没收的违法所得全部上缴国库的；

（五）举办或者参与举办驾驶学校或者驾驶培训班、机动车修理厂或者收费停车场等经营活动的；

（六）利用职务上的便利收受他人财物或者谋取其他利益的；

（七）违法扣留车辆、机动车行驶证、驾驶证、车辆号牌的；

（八）使用依法扣留的车辆的；

（九）当场收取罚款不开具罚款收据或者不如实填写罚款额的；

（十）徇私舞弊，不公正处理交通事故的；

（十一）故意刁难，拖延办理机动车牌证的；

（十二）非执行紧急任务时使用警报器、标志灯具的；

（十三）违反规定拦截、检查正常行驶的车辆的；

（十四）非执行紧急公务时拦截搭乘机动车的；

（十五）不履行法定职责的。

公安机关交通管理部门有前款所列行为之一的，对直接负责的主管人员和其他直接责任人员给予相应的行政处分。

第一百一十六条　依照本法第一百一十五条的规定，给予交通警察行政处分的，在做出行政处分决定前，可以停止其执行职务；必要时，可以予以禁闭。

依照本法第一百一十五条的规定，交通警察受到降级或者撤职行政处分的，可以予以辞退。

交通警察受到开除处分或者被辞退的，应当取消警衔；受到撤职以下行政处分的交通警察，应当降低警衔。

第一百一十七条　交通警察利用职权非法占有公共财物，索取、收受贿赂，或者滥用职权、玩忽职守，构成犯罪的，依法追究刑事责任。

第一百一十八条　公安机关交通管理部门及其交通警察有本法第一百一十五条所列行为之一，给当事人造成损失的，应当依法承担赔偿责任。

第八章　附　则

第一百一十九条　本法中下列用语的含义：

（一）"道路"，是指公路、城市道路和虽在单位管辖范围但允许社会机动车通行的地方，包括广场、公共停车场等用于公众通行的场所。

（二）"车辆"，是指机动车和非机动车。

（三）"机动车"，是指以动力装置驱动或者牵引，上道路行驶的供人员乘用或者用于运送物品以及进行工程专项作业的轮式车辆。

（四）"非机动车"，是指以人力或者畜力驱动，上道路行驶的交通工具，以及虽有动力装置驱动但设计最高时速、空车质量、外形尺寸符合有关国家标准的残疾人机动轮椅车、电动自行车等交通工具。

（五）"交通事故"，是指车辆在道路上因过错或者意外造成的人身伤亡或者财产损失的事件。

第一百二十条　中国人民解放军和中国人民武装警察部队在编机动车牌证、在编机动车检验以及机动车驾驶人考核工作，由中国人民解放军、中国人民武装警察部队有关部门负责。

第一百二十一条　对上道路行驶的拖拉机，由农业（农业机械）主管部门行使本法第八条、第九条、第十三条、第十九条、第二十三条规定的公安机关交通管理部门的管理职权。

农业（农业机械）主管部门依照前款规定行使职权，应当遵守本法有关规定，并接受公安机关交通管理部门的监督；对违反规定的，依照本法有关规定追究法律责任。

本法施行前由农业（农业机械）主管部门发放的机动车牌证，在本法施行后继续有效。

第一百二十二条　国家对入境的境外机动车的道路交通安全实施统一管理。

第一百二十三条　省、自治区、直辖市人民代表大会常务委员会可以根据本地区的实际情况，在本法规定的罚款幅度内，规定具体的执行标准。

第一百二十四条　本法自 2004 年 5 月 1 日起施行。

附录三：

中华人民共和国道路交通安全法实施条例

第一章 总则

第一条 根据《中华人民共和国道路交通安全法》（以下简称道路交通安全法）的规定，制定本条例。

第二条 中华人民共和国境内的车辆驾驶人、行人、乘车人以及与道路交通活动有关的单位和个人，应当遵守道路交通安全法和本条例。

第三条 县级以上地方各级人民政府应当建立、健全道路交通安全工作协调机制，组织有关部门对城市建设项目进行交通影响评价，制定道路交通安全管理规划，确定管理目标，制定实施方案。

第二章 车辆和驾驶人

第一节 机动车

第四条 机动车的登记，分为注册登记、变更登记、转移登记、抵押登记和注销登记。

第五条 初次申领机动车号牌、行驶证的，应当向机动车所有人住所地的公安机关交通管理部门申请注册登记。申请机动车注册登记，应当交验机动车，并提交以下证明、凭证：

（一）机动车所有人的身份证明；

（二）购车发票等机动车来历证明；

（三）机动车整车出厂合格证明或者进口机动车进口凭证；

（四）车辆购置税完税证明或者免税凭证；

（五）机动车第三者责任强制保险凭证；

（六）法律、行政法规规定应当在机动车注册登记时提交的其他证明、凭证。

不属于国务院机动车产品主管部门规定免予安全技术检验的车型的，还应当提供机动车安全技术检验合格证明。

第六条 已注册登记的机动车有下列情形之一的，机动车所有人应当向登记该机动车的公安机关交通管理部门申请变更登记：

（一）改变机动车车身颜色的；

（二）更换发动机的；

（三）更换车身或者车架的；

（四）因质量有问题，制造厂更换整车的；

（五）营运机动车改为非营运机动车或者非营运机动车改为营运机动车的；

（六）机动车所有人的住所迁出或者迁入公安机关交通管理部门管辖区域的。

申请机动车变更登记，应当提交下列证明、凭证，属于前款第（一）项、第（二）项、第（三）项、第（四）项、第（五）项情形之一的，还应当交验机动车；属于前款第（二）项、第（三）项情形之一的，还应当同时提交机动车安全技术检验合格证明：

（一）机动车所有人的身份证明；

（二）机动车登记证书；

（三）机动车行驶证。

机动车所有人的住所在公安机关交通管理部门管辖区域内迁移、机动车所有人的姓名（单位名称）或者联系方式变更的，应当向登记该机动车的公安机关交通管理部门备案。

第七条　已注册登记的机动车所有权发生转移的，应当及时办理转移登记。

申请机动车转移登记，当事人应当向登记该机动车的公安机关交通管理部门交验机动车，并提交以下证明、凭证：

（一）当事人的身份证明；

（二）机动车所有权转移的证明、凭证；

（三）机动车登记证书；

（四）机动车行驶证。

第八条　机动车所有人将机动车作为抵押物抵押的，机动车所有人应当向登记该机动车的公安机关交通管理部门申请抵押登记。

第九条　已注册登记的机动车达到国家规定的强制报废标准的，公安机关交通管理部门应当在报废期满的 2 个月前通知机动车所有人办理注销登记。机动车所有人应当在报废期满前将机动车交售给机动车回收企业，由机动车回收企业将报废的机动车登记证书、号牌、行驶证交公安机关交通管理部门注销。机动车所有人逾期不办理注销登记的，公安机关交通管理部门应当公告该机动车登记证书、号牌、行驶证作废。

因机动车灭失申请注销登记的，机动车所有人应当向公安机关交通管理部门提交本人身份证明，交回机动车登记证书。

第十条　办理机动车登记的申请人提交的证明、凭证齐全、有效的，公安机关交通管理部门应当当场办理登记手续。

人民法院、人民检察院以及行政执法部门依法查封、扣押的机动车，公安机关交通管理部门不予办理机动车登记。

第十一条　机动车登记证书、号牌、行驶证丢失或者损毁，机动车所有人申请补发的，应当向公安机关交通管理部门提交本人身份证明和申请材料。公安机关交通管理部门经与机动车登记档案核实后，在收到申请之日起 15 日内补发。

第十二条　税务部门、保险机构可以在公安机关交通管理部门的办公场所集中办理与机动车有关的税费缴纳、保险合同订立等事项。

第十三条　机动车号牌应当悬挂在车前、车后指定位置，保持清晰、完整。重型、中型载货汽车及其挂车、拖拉机及其挂车的车身或者车厢后部应当喷涂放大的牌号，字样应当端正并保持清晰。

机动车检验合格标志、保险标志应当粘贴在机动车前窗右上角。

机动车喷涂、粘贴标识或者车身广告的，不得影响安全驾驶。

第十四条　用于公路营运的载客汽车、重型载货汽车、半挂牵引车应当安装、使用符合国家标准的行驶记录仪。交通警察可以对机动车行驶速度、连续驾驶时间以及其他行驶状态信息进行检查。安装行驶记录仪可以分步实施，实施步骤由国务院机动车产品主管部门会同有关部门规定。

第十五条　机动车安全技术检验由机动车安全技术检验机构实施。机动车安全技术检验机构应当按照国家机动车安全技术检验标准对机动车进行检验，对检验结果承担法律责任。

质量技术监督部门负责对机动车安全技术检验机构实行资格管理和计量认证管理，对机动车安全技术检验设备进行检定，对执行国家机动车安全技术检验标准的情况进行监督。

机动车安全技术检验项目由国务院公安部门会同国务院质量技术监督部门规定。

第十六条　机动车应当从注册登记之日起，按照下列期限进行安全技术检验：

（一）营运载客汽车 5 年以内每年检验 1 次；超过 5 年的，每 6 个月检验 1 次；

（二）载货汽车和大型、中型非营运载客汽车 10 年以内每年检验 1 次；超过 10 年的，每 6 个月检验 1 次；

（三）小型、微型非营运载客汽车 6 年以内每 2 年检验 1 次；超过 6 年的，每年检验 1 次；超过 15 年的，每 6 个月检验 1 次；

（四）摩托车 4 年以内每 2 年检验 1 次；超过 4 年的，每年检验 1 次；

（五）拖拉机和其他机动车每年检验 1 次。

营运机动车在规定检验期限内经安全技术检验合格的，不再重复进行安全技术检验。

第十七条　已注册登记的机动车进行安全技术检验时，机动车行驶证记载的登记内容与该机动车的有关情况不符，或者未按照规定提供机动车第三者责任强制保险凭证的，不予通过检验。

第十八条　警车、消防车、救护车、工程救险车标志图案的喷涂以及警报器、标志灯具的安装、使用规定，由国务院公安部门制定。

第二节　机动车驾驶人

第十九条　符合国务院公安部门规定的驾驶许可条件的人，可以向公安机关交通管理部门申请机动车驾驶证。

机动车驾驶证由国务院公安部门规定式样并监制。

第二十条　学习机动车驾驶，应当先学习道路交通安全法律、法规和相关知识，考试合格后，再学习机动车驾驶技能。

在道路上学习驾驶，应当按照公安机关交通管理部门指定的路线、时间进行。在道路上学习机动车驾驶技能应当使用教练车，在教练员随车指导下进行，与教学无关的人员不得乘坐教练车。学员在学习驾驶中有道路交通安全违法行为或者造成交通事故的，由教练员承担责任。

第二十一条　公安机关交通管理部门应当对申请机动车驾驶证的人进行考试，对考试合格的，在5日内核发机动车驾驶证；对考试不合格的，书面说明理由。

第二十二条　机动车驾驶证的有效期为6年，本条例另有规定的除外。

机动车驾驶人初次申领机动车驾驶证后的12个月为实习期。在实习期内驾驶机动车的，应当在车身后部粘贴或者悬挂统一式样的实习标志。

机动车驾驶人在实习期内不得驾驶公共汽车、营运客车或者执行任务的警车、消防车、救护车、工程救险车以及载有爆炸物品、易燃易爆化学物品、剧毒或者放射性等危险物品的机动车；驾驶的机动车不得牵引挂车。

第二十三条　公安机关交通管理部门对机动车驾驶人的道路交通安全违法行为除给予行政处罚外，实行道路交通安全违法行为累积记分（以下简称记分）制度，记分周期为12个月。对在一个记分周期内记分达到12分的，由公安机关交通管理部门扣留其机动车驾驶证，该机动车驾驶人应当按照规定参加道路交通安全法律、法规的学习并接受考试。考试合格的，记分予以清除，发还机动车驾驶证；考试不合格的，继续参加学习和考试。

应当给予记分的道路交通安全违法行为及其分值，由国务院公安部门根据道路交通安全违法行为的危害程度规定。

公安机关交通管理部门应当提供记分查询方式供机动车驾驶人查询。

第二十四条　机动车驾驶人在一个记分周期内记分未达到 12 分，所处罚款已经缴纳的，记分予以清除；记分虽未达到 12 分，但尚有罚款未缴纳的，记分转入下一记分周期。

机动车驾驶人在一个记分周期内记分 2 次以上达到 12 分的，除按照第二十三条的规定扣留机动车驾驶证、参加学习、接受考试外，还应当接受驾驶技能考试。考试合格的，记分予以清除，发还机动车驾驶证；考试不合格的，继续参加学习和考试。

接受驾驶技能考试的，按照本人机动车驾驶证载明的最高准驾车型考试。

第二十五条　机动车驾驶人记分达到 12 分，拒不参加公安机关交通管理部门通知的学习，也不接受考试的，由公安机关交通管理部门公告其机动车驾驶证停止使用。

第二十六条　机动车驾驶人在机动车驾驶证的 6 年有效期内，每个记分周期均未达到 12 分的，换发 10 年有效期的机动车驾驶证；在机动车驾驶证的 10 年有效期内，每个记分周期均未达到 12 分的，换发长期有效的机动车驾驶证。

换发机动车驾驶证时，公安机关交通管理部门应当对机动车驾驶证进行审验。

第二十七条　机动车驾驶证丢失、损毁，机动车驾驶人申请补发的，应当向公安机关交通管理部门提交本人身份证明和申请材料。公安机关交通管理部门经与机动车驾驶证档案核实后，在收到申请之日起 3 日内补发。

第二十八条　机动车驾驶人在机动车驾驶证丢失、损毁、超过有效期或者被依法扣留、暂扣期间以及记分达到 12 分的，不得驾驶机动车。

第三章　道路通行条件

第二十九条　交通信号灯分为：机动车信号灯、非机动车信号灯、人行横道信号灯、车道信号灯、方向指示信号灯、闪光警告信号灯、道路与铁路平面交叉道口信号灯。

第三十条　交通标志分为：指示标志、警告标志、禁令标志、指路标志、旅游区标志、道路施工安全标志和辅助标志。

道路交通标线分为：指示标线、警告标线、禁止标线。

第三十一条　交通警察的指挥分为：手势信号和使用器具的交通指挥信号。

第三十二条　道路交叉路口和行人横过道路较为集中的路段应当设置人行横道、过街天桥或者过街地下通道。

在盲人通行较为集中的路段，人行横道信号灯应当设置声响提示装置。

第三十三条　城市人民政府有关部门可以在不影响行人、车辆通行的情况下，在城市道路上施划停车泊位，并规定停车泊位的使用时间。

第三十四条　开辟或者调整公共汽车、长途汽车的行驶路线或者车站，应当符合交通规划和安全、畅通的要求。

第三十五条　道路养护施工单位在道路上进行养护、维修时，应当按照规定设置规范的安全警示标志和安全防护设施。道路养护施工作业车辆、机械应当安装示警灯，喷涂明显的标志图案，作业时应当开启示警灯和危险报警闪光灯。对未中断交通的施工作业道路，公安机关交通管理部门应当加强交通安全监督检查。发生交通阻塞时，及时做好分流、疏导，维护交通秩序。

道路施工需要车辆绕行的，施工单位应当在绕行处设置标志；不能绕行的，应当修建临时通道，保证车辆和行人通行。需要封闭道路中断交通的，除紧急情况外，应当提前5日向社会公告。

第三十六条　道路或者交通设施养护部门、管理部门应当在急弯、陡坡、临崖、临水等危险路段，按照国家标准设置警告标志和安全防护设施。

第三十七条　道路交通标志、标线不规范，机动车驾驶人容易发生辨认错误的，交通标志、标线的主管部门应当及时予以改善。

道路照明设施应当符合道路建设技术规范，保持照明功能完好。

第四章　道路通行规定

第一节　一般规定

第三十八条　机动车信号灯和非机动车信号灯表示：

（一）绿灯亮时，准许车辆通行，但转弯的车辆不得妨碍被放行的直行车辆、行人通行；

（二）黄灯亮时，已越过停止线的车辆可以继续通行；

（三）红灯亮时，禁止车辆通行。

在未设置非机动车信号灯和人行横道信号灯的路口，非机动车和行人应当按照机动车信号灯的表示通行。

红灯亮时，右转弯的车辆在不妨碍被放行的车辆、行人通行的情况下，可以通行。

第三十九条　人行横道信号灯表示：

（一）绿灯亮时，准许行人通过人行横道；

（二）红灯亮时，禁止行人进入人行横道，但是已经进入人行横道的，可以继续通过或者在道路中心线处停留等候。

第四十条　车道信号灯表示：

（一）绿色箭头灯亮时，准许本车道车辆按指示方向通行；

（二）红色叉形灯或者箭头灯亮时，禁止本车道车辆通行。

第四十一条　方向指示信号灯的箭头方向向左、向上、向右分别表示左转、直行、右转。

第四十二条　闪光警告信号灯为持续闪烁的黄灯，提示车辆、行人通行时注意瞭望，确认安全后通过。

第四十三条　道路与铁路平面交叉道口有两个红灯交替闪烁或者一个红灯亮时，表示禁止车辆、行人通行；红灯熄灭时，表示允许车辆、行人通行。

第二节　机动车通行规定

第四十四条　在道路同方向划有2条以上机动车道的，左侧为快速车道，右侧为慢速车道。在快速车道行驶的机动车应当按照快速车道规定的速度行驶，未达到快速车道规定的行驶速度的，应当在慢速车道行驶。摩托车应当在最右侧车道行驶。有交通标志标明行驶速度的，按照标明的行驶速度行驶。慢速车道内的机动车超越前车时，可以借用快速车道行驶。

在道路同方向划有2条以上机动车道的，变更车道的机动车不得影响相关车道内行驶的机动车的正常行驶。

第四十五条　机动车在道路上行驶不得超过限速标志、标线标明的速度。在没有限速标志、标线的道路上，机动车不得超过下列最高行驶速度：

（一）没有道路中心线的道路，城市道路为每小时30公里，公路为每小时40公里；

（二）同方向只有1条机动车道的道路，城市道路为每小时50公里，公路为每小时70公里。

第四十六条　机动车行驶中遇有下列情形之一的，最高行驶速度不得超过每小时30公里，其中拖拉机、电瓶车、轮式专用机械车不得超过每小时15公里：

（一）进出非机动车道，通过铁路道口、急弯路、窄路、窄桥时；

（二）掉头、转弯、下陡坡时；

（三）遇雾、雨、雪、沙尘、冰雹，能见度在50米以内时；

（四）在冰雪、泥泞的道路上行驶时；

（五）牵引发生故障的机动车时。

第四十七条　机动车超车时，应当提前开启左转向灯、变换使用远、近光灯或者鸣喇叭。在没有道路中心线或者同方向只有1条机动车道的道路上，前车遇后车发出超车信号时，在条件许可的情况下，应当降低速度、靠右让路。后车应当在确认有充足的安全距离后，从前车的左侧超越，在与被超车辆拉开必要的安全距离后，开启右转向灯，驶回原车道。

第四十八条　在没有中心隔离设施或者没有中心线的道路上，机动车遇相对方向来车时应当遵守下列规定：

（一）减速靠右行驶，并与其他车辆、行人保持必要的安全距离；

（二）在有障碍的路段，无障碍的一方先行；但有障碍的一方已驶入障碍路段而无障碍的一方未驶入时，有障碍的一方先行；

（三）在狭窄的坡路，上坡的一方先行；但下坡的一方已行至中途而上坡的一方未上坡时，下坡的一方先行；

（四）在狭窄的山路，不靠山体的一方先行；

（五）夜间会车应当在距相对方向来车150米以外改用近光灯，在窄路、窄桥与非机动车会车时应当使用近光灯。

第四十九条　机动车在有禁止掉头或者禁止左转弯标志、标线的地点以及在铁路道口、人行横道、桥梁、急弯、陡坡、隧道或者容易发生危险的路段，不得掉头。

机动车在没有禁止掉头或者没有禁止左转弯标志、标线的地点可以掉头，但不得妨碍正常行驶的其他车辆和行人的通行。

第五十条　机动车倒车时，应当察明车后情况，确认安全后倒车。不得在铁路道口、交叉路口、单行路、桥梁、急弯、陡坡或者隧道中倒车。

第五十一条　机动车通过有交通信号灯控制的交叉路口，应当按照下列规定通行：

（一）在划有导向车道的路口，按所需行进方向驶入导向车道；

（二）准备进入环形路口的让已在路口内的机动车先行；

（三）向左转弯时，靠路口中心点左侧转弯。转弯时开启转向灯，夜间行驶开启近光灯；

（四）遇放行信号时，依次通过；

（五）遇停止信号时，依次停在停止线以外。没有停止线的，停在路口以外；

（六）向右转弯遇有同车道前车正在等候放行信号时，依次停车等候；

（七）在没有方向指示信号灯的交叉路口，转弯的机动车让直行的车辆、行人先行。相对方向行驶的右转弯机动车让左转弯车辆先行。

第五十二条　机动车通过没有交通信号灯控制也没有交通警察指挥的交叉路口，除应当遵守第五十一条第（二）项、第（三）项的规定外，还应当遵守下列规定：

（一）有交通标志、标线控制的，让优先通行的一方先行；

（二）没有交通标志、标线控制的，在进入路口前停车瞭望，让右方道路的来车先行；

（三）转弯的机动车让直行的车辆先行；

（四）相对方向行驶的右转弯的机动车让左转弯的车辆先行。

第五十三条　机动车遇有前方交叉路口交通阻塞时，应当依次停在路口以外等候，不得进入路口。

机动车在遇有前方机动车停车排队等候或者缓慢行驶时，应当依次排队，不得从前方车辆两侧穿插或者超越行驶，不得在人行横道、网状线区域内停车等候。

机动车在车道减少的路口、路段，遇有前方机动车停车排队等候或者缓慢行驶的，应当每车道一辆依次交替驶入车道减少后的路口、路段。

第五十四条　机动车载物不得超过机动车行驶证上核定的载质量，装载长度、宽度不得超出车厢，并应当遵守下列规定：

（一）重型、中型载货汽车，半挂车载物，高度从地面起不得超过4米，载运集装箱的车辆不得超过4.2米；

（二）其他载货的机动车载物，高度从地面起不得超过2.5米；

（三）摩托车载物，高度从地面起不得超过1.5米，长度不得超出车身0.2米。两轮摩托车载物宽度左右各不得超出车把0.15米；三轮摩托车载物宽度不得超过车身。

载客汽车除车身外部的行李架和内置的行李箱外，不得载货。载客汽车行李架载货，从车顶起高度不得超过0.5米，从地面起高度不得超过4米。

第五十五条　机动车载人应当遵守下列规定：

（一）公路载客汽车不得超过核定的载客人数，但按照规定免票的儿童除外，在载客人数已满的情况下，按照规定免票的儿童不得超过核定载客人数的10%；

（二）载货汽车车厢不得载客。在城市道路上，货运机动车在留有安全位置的情况下，车厢内可以附载临时作业人员1人至5人；载物高度超过车厢栏板时，货物上不得载人；

（三）摩托车后座不得乘坐未满12周岁的未成年人，轻便摩托车不得载人。

第五十六条　机动车牵引挂车应当符合下列规定：

（一）载货汽车、半挂牵引车、拖拉机只允许牵引1辆挂车。挂车的灯光信号、制动、连接、安全防护等装置应当符合国家标准；

（二）小型载客汽车只允许牵引旅居挂车或者总质量700千克以下的挂车。挂车不得载人；

（三）载货汽车所牵引挂车的载质量不得超过载货汽车本身的载质量。

大型、中型载客汽车，低速载货汽车，三轮汽车以及其他机动车不得牵引挂车。

第五十七条　机动车应当按照下列规定使用转向灯：

（一）向左转弯、向左变更车道、准备超车、驶离停车地点或者掉头时，应当提前开启左转向灯；

（二）向右转弯、向右变更车道、超车完毕驶回原车道、靠路边停车时，应当提前开启右转向灯。

第五十八条　机动车在夜间没有路灯、照明不良或者遇有雾、雨、雪、沙尘、冰雹等低能见度情况下行驶时，应当开启前照灯、示廓灯和后位灯，但同方向行驶的后车与前车近距离行驶时，不得使用远光灯。机动车雾天行驶应当开启雾灯和危险报警闪光灯。

第五十九条　机动车在夜间通过急弯、坡路、拱桥、人行横道或者没有交通信号灯控制的路口时，应当交替使用远近光灯示意。

机动车驶近急弯、坡道顶端等影响安全视距的路段以及超车或者遇有紧急情况时，应当减速慢行，并鸣喇叭示意。

第六十条　机动车在道路上发生故障或者发生交通事故，妨碍交通又难以移动的，应当按照规定开启危险报警闪光灯并在车后 50 米至 100 米处设置警告标志，夜间还应当同时开启示廓灯和后位灯。

第六十一条　牵引故障机动车应当遵守下列规定：

（一）被牵引的机动车除驾驶人外不得载人，不得拖带挂车；

（二）被牵引的机动车宽度不得大于牵引机动车的宽度；

（三）使用软连接牵引装置时，牵引车与被牵引车之间的距离应当大于 4 米小于 10 米；

（四）对制动失效的被牵引车，应当使用硬连接牵引装置牵引；

（五）牵引车和被牵引车均应当开启危险报警闪光灯。

汽车吊车和轮式专用机械车不得牵引车辆。摩托车不得牵引车辆或者被其他车辆牵引。

转向或者照明、信号装置失效的故障机动车，应当使用专用清障车拖曳。

第六十二条　驾驶机动车不得有下列行为：

（一）在车门、车厢没有关好时行车；

（二）在机动车驾驶室的前后窗范围内悬挂、放置妨碍驾驶人视线的物品；

（三）拨打接听手持电话、观看电视等妨碍安全驾驶的行为；

（四）下陡坡时熄火或者空挡滑行；

（五）向道路上抛撒物品；

（六）驾驶摩托车手离车把或者在车把上悬挂物品；

（七）连续驾驶机动车超过 4 小时未停车休息或者停车休息时间少于 20 分钟；

（八）在禁止鸣喇叭的区域或者路段鸣喇叭。

第六十三条　机动车在道路上临时停车，应当遵守下列规定：

（一）在设有禁停标志、标线的路段，在机动车道与非机动车道、人行道之间设有隔离设施的路段以及人行横道、施工地段，不得停车；

（二）交叉路口、铁路道口、急弯路、宽度不足 4 米的窄路、桥梁、陡坡、隧道以及距离上述地点 50 米以内的路段，不得停车；

（三）公共汽车站、急救站、加油站、消防栓或者消防队（站）门前以及距离上述地点 30 米以内的路段，除使用上述设施的以外，不得停车；

（四）车辆停稳前不得开车门和上下人员，开关车门不得妨碍其他车辆和行人通行；

（五）路边停车应当紧靠道路右侧，机动车驾驶人不得离车，上下人员或者装卸物品后，立即驶离；

（六）城市公共汽车不得在站点以外的路段停车上下乘客。

第六十四条　机动车行经漫水路或者漫水桥时，应当停车察明水情，确认安全后，低速通过。

第六十五条　机动车载运超限物品行经铁路道口的，应当按照当地铁路部门指定的铁路道口、时间通过。

机动车行经渡口，应当服从渡口管理人员指挥，按照指定地点依次待渡。机动车上下渡船时，应当低速慢行。

第六十六条　警车、消防车、救护车、工程救险车在执行紧急任务遇交通受阻时，可以断续使用警报器，并遵守下列规定：

（一）不得在禁止使用警报器的区域或者路段使用警报器；

（二）夜间在市区不得使用警报器；

（三）列队行驶时，前车已经使用警报器的，后车不再使用警报器。

第六十七条　在单位院内、居民居住区内，机动车应当低速行驶，避让行人；有限速标志的，按照限速标志行驶。

第三节　非机动车通行规定

第六十八条　非机动车通过有交通信号灯控制的交叉路口，应当按照下列规定通行：

（一）转弯的非机动车让直行的车辆、行人优先通行；

（二）遇有前方路口交通阻塞时，不得进入路口；

（三）向左转弯时，靠路口中心点的右侧转弯；

（四）遇有停止信号时，应当依次停在路口停止线以外。没有停止线的，停在路口以外；

（五）向右转弯遇有同方向前车正在等候放行信号时，在本车道内能够转弯的，可以通行；不能转弯的，依次等候。

第六十九条　非机动车通过没有交通信号灯控制也没有交通警察指挥的交叉路口，除应当遵守第六十八条第（一）项、第（二）项和第（三）项的规定外，还应当遵守下列规定：

（一）有交通标志、标线控制的，让优先通行的一方先行；

（二）没有交通标志、标线控制的，在路口外慢行或者停车瞭望，让右方道路的来车先行；

（三）相对方向行驶的右转弯的非机动车让左转弯的车辆先行。

第七十条　驾驶自行车、电动自行车、三轮车在路段上横过机动车道，应当下车推行，有人行横道或者行人过街设施的，应当从人行横道或者行人过街设施通过；没有人行横道、没有行人过街设施或者不便使用行人过街设施的，在确认安全后直行通过。

因非机动车道被占用无法在本车道内行驶的非机动车，可以在受阻的路段借用相邻的机动车道行驶，并在驶过被占用路段后迅速驶回非机动车道。机动车遇此情况应当减速让行。

第七十一条　非机动车载物，应当遵守下列规定：

（一）自行车、电动自行车、残疾人机动轮椅车载物，高度从地面起不得超过 1.5 米，宽度左右各不得超出车把 0.15 米，长度前端不得超出车轮，后端不得超出车身 0.3 米；

（二）三轮车、人力车载物，高度从地面起不得超过 2 米，宽度左右各不得超出车身 0.2 米，长度不得超出车身 1 米；

（三）畜力车载物，高度从地面起不得超过 2.5 米，宽度左右各不得超出车身 0.2 米，长度前端不得超出车辕，后端不得超出车身 1 米。

自行车载人的规定，由省、自治区、直辖市人民政府根据当地实际情况制定。

第七十二条　在道路上驾驶自行车、三轮车、电动自行车、残疾人机动轮椅车应当遵守下列规定：

（一）驾驶自行车、三轮车必须年满 12 周岁；

（二）驾驶电动自行车和残疾人机动轮椅车必须年满 16 周岁；

（三）不得醉酒驾驶；

（四）转弯前应当减速慢行，伸手示意，不得突然猛拐，超越前车时不得妨碍被超越的车辆行驶；

（五）不得牵引、攀扶车辆或者被其他车辆牵引，不得双手离把或者手中持物；

（六）不得扶身并行、互相追逐或者曲折竞驶；

（七）不得在道路上骑独轮自行车或者 2 人以上骑行的自行车；

（八）非下肢残疾的人不得驾驶残疾人机动轮椅车；

（九）自行车、三轮车不得加装动力装置；

（十）不得在道路上学习驾驶非机动车。

第七十三条　在道路上驾驭畜力车应当年满 16 周岁，并遵守下列规定：

（一）不得醉酒驾驭；

（二）不得并行，驾驭人不得离开车辆；

（三）行经繁华路段、交叉路口、铁路道口、人行横道、急弯路、宽度不足 4 米的窄路或者窄桥、陡坡、隧道或者容易发生危险的路段，不得超车。驾驭两轮畜力车应当下车牵引牲畜；

（四）不得使用未经驯服的牲畜驾车，随车幼畜须拴系；

（五）停放车辆应当拉紧车闸，拴系牲畜。

第四节　行人和乘车人通行规定

第七十四条　行人不得有下列行为：

（一）在道路上使用滑板、旱冰鞋等滑行工具；

（二）在车行道内坐卧、停留、嬉闹；

（三）追车、抛物击车等妨碍道路交通安全的行为。

第七十五条　行人横过机动车道，应当从行人过街设施通过；没有行人过街设施的，应当从人行横道通过；没有人行横道的，应当观察来往车辆的情况，确认安全后直行通过，不得在车辆临近时突然加速横穿或者中途倒退、折返。

第七十六条　行人列队在道路上通行，每横列不得超过 2 人，但在已经实行交通管制的路段不受限制。

第七十七条　乘坐机动车应当遵守下列规定：

（一）不得在机动车道上拦乘机动车；

（二）在机动车道上不得从机动车左侧上下车；

（三）开关车门不得妨碍其他车辆和行人通行；

（四）机动车行驶中，不得干扰驾驶，不得将身体任何部分伸出车外，不得跳车；

（五）乘坐两轮摩托车应当正向骑坐。

第五节　高速公路的特别规定

第七十八条　高速公路应当标明车道的行驶速度，最高车速不得超过每小时 120 公里，最低车速不得低于每小时 60 公里。

在高速公路上行驶的小型载客汽车最高车速不得超过每小时 120 公里，其他机动车不得超过每小时 100 公里，摩托车不得超过每小时 80 公里。

同方向有 2 条车道的，左侧车道的最低车速为每小时 100 公里；同方向有 3 条以上车道的，最左侧车道的最低车速为每小时 110 公里，中间车道的最低车速为每小时 90 公里。道路限速标志标明的车速与上述车道行驶车速的规定不一致的，按照道路限速标志标明的车速行驶。

第七十九条　机动车从匝道驶入高速公路，应当开启左转向灯，在不妨碍已在高速公路内的机动车正常行驶的情况下驶入车道。

机动车驶离高速公路时，应当开启右转向灯，驶入减速车道，降低车速后驶离。

第八十条　机动车在高速公路上行驶，车速超过每小时 100 公里时，应当与同车道前车保持 100 米以上的距离，车速低于每小时 100 公里时，与同车道前车距离可以适当缩短，但最小距离不得少于 50 米。

第八十一条　机动车在高速公路上行驶，遇有雾、雨、雪、沙尘、冰雹等低能见度气象条件时，应当遵守下列规定：

（一）能见度小于 200 米时，开启雾灯、近光灯、示廓灯和前后位灯，车速不得超过每小时 60 公里，与同车道前车保持 100 米以上的距离；

（二）能见度小于 100 米时，开启雾灯、近光灯、示廓灯、前后位灯和危险报警闪光灯，车速不得超过每小时 40 公里，与同车道前车保持 50 米以上的距离；

（三）能见度小于 50 米时，开启雾灯、近光灯、示廓灯、前后位灯和危险报警闪光灯，车速不得超过每小时 20 公里，并从最近的出口尽快驶离高速公路。

遇有前款规定情形时，高速公路管理部门应当通过显示屏等方式发布速度限制、保持车距等提示信息。

第八十二条　机动车在高速公路上行驶，不得有下列行为：

（一）倒车、逆行、穿越中央分隔带掉头或者在车道内停车；

（二）在匝道、加速车道或者减速车道上超车；

（三）骑、轧车行道分界线或者在路肩上行驶；

（四）非紧急情况时在应急车道行驶或者停车；

（五）试车或者学习驾驶机动车。

第八十三条 在高速公路上行驶的载货汽车车厢不得载人。两轮摩托车在高速公路行驶时不得载人。

第八十四条 机动车通过施工作业路段时，应当注意警示标志，减速行驶。

第八十五条 城市快速路的道路交通安全管理，参照本节的规定执行。

高速公路、城市快速路的道路交通安全管理工作，省、自治区、直辖市人民政府公安机关交通管理部门可以指定设区的市人民政府公安机关交通管理部门或者相当于同级的公安机关交通管理部门承担。

第五章 交通事故处理

第八十六条 机动车与机动车、机动车与非机动车在道路上发生未造成人身伤亡的交通事故，当事人对事实及成因无争议的，在记录交通事故的时间、地点、对方当事人的姓名和联系方式、机动车牌号、驾驶证号、保险凭证号、碰撞部位，并共同签名后，撤离现场，自行协商损害赔偿事宜。当事人对交通事故事实及成因有争议的，应当迅速报警。

第八十七条 非机动车与非机动车或者行人在道路上发生交通事故，未造成人身伤亡，且基本事实及成因清楚的，当事人应当先撤离现场，再自行协商处理损害赔偿事宜。当事人对交通事故事实及成因有争议的，应当迅速报警。

第八十八条 机动车发生交通事故，造成道路、供电、通讯等设施损毁的，驾驶人应当报警等候处理，不得驶离。机动车可以移动的，应当将机动车移至不妨碍交通的地点。公安机关交通管理部门应当将事故有关情况通知有关部门。

第八十九条 公安机关交通管理部门或者交通警察接到交通事故报警，应当及时赶赴现场，对未造成人身伤亡，事实清楚，并且机动车可以移动的，应当在记录事故情况后责令当事人撤离现场，恢复交通。对拒不撤离现场的，予以强制撤离。

对属于前款规定情况的道路交通事故，交通警察可以适用简易程序处理，并当场出具事故认定书。当事人共同请求调解的，交通警察可以当场对损害赔偿争议进行调解。

对道路交通事故造成人员伤亡和财产损失需要勘验、检查现场的，公安机关交通管理部门应当按照勘查现场工作规范进行。现场勘查完毕，应当组织清理现场，恢复交通。

第九十条　投保机动车第三者责任强制保险的机动车发生交通事故，因抢救受伤人员需要保险公司支付抢救费用的，由公安机关交通管理部门通知保险公司。

抢救受伤人员需要道路交通事故救助基金垫付费用的，由公安机关交通管理部门通知道路交通事故社会救助基金管理机构。

第九十一条　公安机关交通管理部门应当根据交通事故当事人的行为对发生交通事故所起的作用以及过错的严重程度，确定当事人的责任。

第九十二条　发生交通事故后当事人逃逸的，逃逸的当事人承担全部责任。但是，有证据证明对方当事人也有过错的，可以减轻责任。

当事人故意破坏、伪造现场、毁灭证据的，承担全部责任。

第九十三条　公安机关交通管理部门对经过勘验、检查现场的交通事故应当在勘查现场之日起10日内制作交通事故认定书。对需要进行检验、鉴定的，应当在检验、鉴定结果确定之日起5日内制作交通事故认定书。

第九十四条　当事人对交通事故损害赔偿有争议，各方当事人一致请求公安机关交通管理部门调解的，应当在收到交通事故认定书之日起10日内提出书面调解申请。

对交通事故致死的，调解从办理丧葬事宜结束之日起开始；对交通事故致伤的，调解从治疗终结或者定残之日起开始；对交通事故造成财产损失的，调解从确定损失之日起开始。

第九十五条　公安机关交通管理部门调解交通事故损害赔偿争议的期限为10日。调解达成协议的，公安机关交通管理部门应当制作调解书送交各方当事人，调解书经各方当事人共同签字后生效；调解未达成协议的，公安机关交通管理部门应当制作调解终结书送交各方当事人。

交通事故损害赔偿项目和标准依照有关法律的规定执行。

第九十六条　对交通事故损害赔偿的争议，当事人向人民法院提起民事诉讼的，公安机关交通管理部门不再受理调解申请。

公安机关交通管理部门调解期间，当事人向人民法院提起民事诉讼的，调解终止。

第九十七条　车辆在道路以外发生交通事故，公安机关交通管理部门接到报案的，参照道路交通安全法和本条例的规定处理。

车辆、行人与火车发生的交通事故以及在渡口发生的交通事故，依照国家有关规定处理。

第六章　执法监督

第九十八条　公安机关交通管理部门应当公开办事制度、办事程序，建立警风警纪监督员制度，自觉接受社会和群众的监督。

第九十九条　公安机关交通管理部门及其交通警察办理机动车登记，发放号牌，对驾驶人考试、发证，处理道路交通安全违法行为，处理道路交通事故，应当严格遵守有关规定，不得越权执法，不得延迟履行职责，不得擅自改变处罚的种类和幅度。

第一百条　公安机关交通管理部门应当公布举报电话，受理群众举报投诉，并及时调查核实，反馈查处结果。

第一百零一条　公安机关交通管理部门应当建立执法质量考核评议、执法责任制和执法过错追究制度，防止和纠正道路交通安全执法中的错误或者不当行为。

第七章　法律责任

第一百零二条　违反本条例规定的行为，依照道路交通安全法和本条例的规定处罚。

第一百零三条　以欺骗、贿赂等不正当手段取得机动车登记或者驾驶许可的，收缴机动车登记证书、号牌、行驶证或者机动车驾驶证，撤销机动车登记或者机动车驾驶许可；申请人在3年内不得申请机动车登记或者机动车驾驶许可。

第一百零四条　机动车驾驶人有下列行为之一，又无其他机动车驾驶人即时替代驾驶的，公安机关交通管理部门除依法给予处罚外，可以将其驾驶的机动车移至不妨碍交通的地点或者有关部门指定的地点停放：

（一）不能出示本人有效驾驶证的；

（二）驾驶的机动车与驾驶证载明的准驾车型不符的；

（三）饮酒、服用国家管制的精神药品或者麻醉药品、患有妨碍安全驾驶的疾病，或者过度疲劳仍继续驾驶的；

（四）学习驾驶人员没有教练人员随车指导单独驾驶的。

第一百零五条　机动车驾驶人有饮酒、醉酒、服用国家管制的精神药品或者麻醉药品嫌疑的，应当接受测试、检验。

第一百零六条　公路客运载客汽车超过核定乘员、载货汽车超过核定载质量的，公安机关交通管理部门依法扣留机动车后，驾驶人应当将超载的乘车人转运、将超载的货物卸载，费用由超载机动车的驾驶人或者所有人承担。

第一百零七条　依照道路交通安全法第九十二条、第九十五条、第九十六条、第九十八条的规定被扣留的机动车，驾驶人或者所有人、管理人30日内没有提供被扣留机动车的合法证明，没有补办相应手续，或者不前来接受处理，经公安机关交通管理部门通知并且经公告3个月仍不前来接受处理的，由公安机关交通管理部门将该机动车送交有资格的拍卖机构拍卖，所得价款上缴国库；非法拼装的机动车予以拆除；达到报废标准的机动车予以报废；机动车涉及其他违法犯罪行为的，移交有关部门处理。

第一百零八条　交通警察按照简易程序当场作出行政处罚的，应当告知当事人道路交通安全违法行为的事实、处罚的理由和依据，并将行政处罚决定书当场交付被处罚人。

第一百零九条　对道路交通安全违法行为人处以罚款或者暂扣驾驶证处罚的，由违法行为发生地的县级以上人民政府公安机关交通管理部门或者相当于同级的公安机关交通管理部门作出决定；对处以吊销机动车驾驶证处罚的，由设区的市人民政府公安机关交通管理部门或者相当于同级的公安机关交通管理部门作出决定。

公安机关交通管理部门对非本辖区机动车的道路交通安全违法行为没有当场处罚的，可以由机动车登记地的公安机关交通管理部门处罚。

第一百一十条　当事人对公安机关交通管理部门及其交通警察的处罚有权进行陈述和申辩，交通警察应当充分听取当事人的陈述和申辩，不得因当事人陈述、申辩而加重其处罚。

第八章　附　则

第一百一十一条　本条例所称上道路行驶的拖拉机，是指手扶拖拉机等最高设计行驶速度不超过每小时 20 公里的轮式拖拉机和最高设计行驶速度不超过每小时 40 公里、牵引挂车方可从事道路运输的轮式拖拉机。

第一百一十二条　农业（农业机械）主管部门应当定期向公安机关交通管理部门提供拖拉机登记、安全技术检验以及拖拉机驾驶证发放的资料、数据。公安机关交通管理部门对拖拉机驾驶人作出暂扣、吊销驾驶证处罚或者记分处理的，应当定期将处罚决定书和记分情况通报有关的农业（农业机械）主管部门。吊销驾驶证的，还应当将驾驶证送交有关的农业（农业机械）主管部门。

第一百一十三条　境外机动车入境行驶，应当向入境地的公安机关交通管理部门申请临时通行号牌、行驶证。临时通行号牌、行驶证应当根据行驶需要，载明有效日期和允许行驶的区域。

入境的境外机动车申请临时通行号牌、行驶证以及境外人员申请机动车驾驶许可的条件、考试办法由国务院公安部门规定。

第一百一十四条　机动车驾驶许可考试的收费标准，由国务院价格主管部门规定。

第一百一十五条　本条例自 2004 年 5 月 1 日起施行。1960 年 2 月 11 日国务院批准、交通部发布的《机动车管理办法》，1988 年 3 月 9 日国务院发布的《中华人民共和国道路交通管理条例》，1991 年 9 月 22 日国务院发布的《道路交通事故处理办法》，同时废止。

附录四：

北京市实施《中华人民共和国道路交通安全法》办法

第一章 总则

第一条 为了实施《中华人民共和国道路交通安全法》和《中华人民共和国道路交通安全法实施条例》，结合本市实际情况，制定本办法。

第二条 在本市行政区域内道路上通行的车辆驾驶人、行人、乘车人以及与道路交通活动有关的单位和个人，应当遵守《中华人民共和国道路交通安全法》、《中华人民共和国道路交通安全法实施条例》和本办法。

第三条 本市道路交通安全工作，应当遵循依法管理、方便群众的原则，保障道路交通的有序、安全、畅通。

第四条 本市道路交通安全管理工作应当与经济建设和社会发展、城市布局和交通需求相适应。城市规划应当与道路交通安全相协调，合理配置道路资源，完善交通基础设施，发展公共交通，提高道路交通安全管理的现代化水平。

第五条 市和区、县人民政府领导道路交通安全管理工作，组织有关部门确定管理目标，增加对道路交通安全基础设施和科技管理手段的投入；建立、健全道路交通安全管理工作的协调机制、重大建设项目的交通影响评价制度和道路交通安全防范责任制度；制定道路交通安全设施、交通文明建设、科学研究与应用等道路交通安全管理规划和实施方案，并组织实施。

第六条 本市公安机关交通管理部门负责本市行政区域内道路交通安全管理工作。

市和区、县人民政府的交通、规划、建设、市政、环保、农业、发展改革、城管监察等部门依据各自职责，负责有关的道路交通工作，落实道路交通安全责任。

第七条 公安机关交通管理部门及其交通警察应当依法履行职责，严格、公正、文明执法。公安机关交通管理部门及其交通警察应当模范遵守道路交通安全法律、法规。

第八条 市和区、县人民政府及其有关部门，应当开展道路交通安全宣传教育，提高公民的道路交通安全意识和交通文明素质。

机关、部队、企业、事业单位、社会团体以及其他组织，应当做好所属人员的交通安全教育工作和所属车辆的管理工作，落实道路交通安全防范责任制度。

学校应当将道路交通安全教育纳入法制教育的内容，中、小学校应当将学生遵守道路交通安全法律、法规的情况纳入综合评定。

新闻、出版、广播、电视等有关单位，应当加强对社会公众的道路交通安全宣传教育。

第九条　本市鼓励单位和个人在公安机关交通管理部门的统一组织下，提供志愿服务，协助维护道路交通秩序。

对在道路交通安全工作中有突出贡献的公民、法人和其他组织，本市各级人民政府应当予以表彰、奖励。

第二章　车辆和驾驶人

第一节　机动车

第十条　申请机动车登记的，申请人应当提供真实、合法、有效的证明、凭证。机动车登记内容发生变化的，应当按照规定办理相应手续。

第十一条　公安机关交通管理部门应当自受理机动车登记申请之日起5个工作日内完成审查工作，对符合规定条件的，应当发放机动车登记证书、号牌和行驶证；对不符合规定条件的，应当向申请人说明不予登记的理由。

摩托车和道路专项作业车辆登记，应当符合本市的交通发展规划，在限定的区域内实行总量控制。

第十二条　在本市办理机动车注册登记期间，机动车需要临时在道路上行驶的，应当取得临时通行牌证。

第十三条　机动车安全技术检验，除符合国家机动车安全技术标准外，还应当符合国家和本市环境保护标准；不符合标准的，不予办理相应登记或者不予核发检验合格标志。

公安机关交通管理部门应当依法对机动车安全技术检验机构进行监督管理。

第十四条　应当报废的机动车，其所有人必须及时办理注销登记手续。

应当报废的机动车，其所有人在办理新购机动车注册登记前，必须先行办理报废机动车的注销登记手续。

第十五条　上道路行驶的机动车，应当符合下列规定：

（一）在机动车前后的规定位置，各安装一面号牌，不得倒置或者反向安装；

（二）在前窗右上角粘贴机动车检验合格标志、保险标志、环境保护合格标志；

（三）货运机动车及挂车车厢后部喷涂放大的本车牌号；

（四）大、中型客运机动车驾驶室两侧喷涂准乘人数，从事营运的，应当喷涂经营单位名称和营运编号；

（五）总质量在3.5吨以上的货运汽车、挂车，按照规定安装侧、后防护装置；

（六）配备有效的灭火器具、反光的故障车警告标志；

（七）车身两侧的车窗和前后窗，不得粘贴、喷涂妨碍驾驶视线的文字、图案，不得使用镜面反光遮阳膜；

（八）道路施工养护、环卫清扫、设施维修及绿化等专业作业车辆，符合国家和本市的道路作业车辆安全标准；

（九）用于公路营运的载客汽车、重型载货汽车、半挂牵引车应当安装、使用符合国家标准的行驶记录仪。

第十六条　机动车所有人、管理人和驾驶人应当按照机动车国家安全技术标准和本市有关规定，对车辆进行维修和保养，保持车况良好、车容整洁、排放合格。

第十七条　机动车定期安全技术检验后，公安机关交通管理部门对符合国家机动车安全技术标准的车辆，应当发给检验合格标志。

在机动车安全技术检验前，有未接受处理的道路交通违法行为记录的当事人，应当在规定的时间、地点接受处理。

第二节　非机动车

第十八条　电动自行车、人力三轮车、残疾人机动轮椅车和其他应当登记的非机动车，经公安机关交通管理部门登记并领取牌证后，方可上道路行驶。

第十九条　申请非机动车登记的，应当提交车辆所有人身份证明和车辆来历证明。申请残疾人机动轮椅车登记的，还应当提交公安机关交通管理部门指定的医疗机构出具的下肢残疾证明。

申请电动自行车、人力三轮车登记，应当符合市人民政府的有关规定。

第二十条　残疾人机动轮椅车只可过户给符合规定条件的残疾人。

第二十一条　非机动车牌证丢失，车辆所有人应当携带本人身份证明和车辆，到公安机关交通管理部门补领。

第三节　机动车驾驶人

第二十二条　申请机动车驾驶证的，申请人应当提供真实、合法、有效的证明、凭证。机动车驾驶证记载的机动车驾驶人信息发生变化的，应当及时办理换证手续。

第二十三条　场地与道路驾驶培训、考试，应当在符合规定条件的机动车考试场进行。

第二十四条　本市实行机动车驾驶人驾驶安全信息记录制度。

持有本市核发的机动车驾驶证的驾驶人，或者持有外省市核发的机动车驾驶证驾驶本市注册登记的营运机动车的驾驶人，应当领取驾驶人信息卡。驾驶人信息卡记载驾驶人道路交通违法、事故处理、违法行为累积记分和其他信息。

驾驶人信息卡遗失、损坏的，持卡人应当到公安机关交通管理部门指定的银行补领，并到公安机关交通管理部门补录有关信息后，方可使用。

驾驶人在驾驶机动车时应当随身携带驾驶人信息卡，并与驾驶证同时使用。

第三章　道路通行条件

第二十五条　大型公共建筑、民用建筑以及其他重大建设项目在立项时，应当由市交通主管部门组织有关部门进行道路交通影响评价。经论证，对交通环境将造成重大不利影响的项目，立项主管部门不予立项。

第二十六条　新建、改建、扩建道路时，交通信号灯、交通标志、标线及其他交通安全设施，应当与道路同时设计、同时验收。

道路交通标志、标线的设置，应当符合道路交通安全、畅通的要求和国家标准，并保持清晰、醒目、准确、完好。

第二十七条　道路、交通设施的管理部门应当根据通行需要，及时增设、调换、更新道路交通信号。增设、调换、更新限制性的道路交通信号，应当提前向社会公告，广泛进行宣传。

第二十八条　公共停车场的建设，应当根据道路状况，本着安全、畅通的原则，合理规划并实施。公共停车场建设工程的设计，应当符合国家和本市的设计标准和规范。已经建成或者投入使用的公共停车场，不得擅自停止使用或者改作他用。

第二十九条　根据本市道路停车泊位设置规划或者在不影响道路交通安全、畅通的情况下，公安机关交通管理部门可以在道路范围内确定道路停车泊位，并设置道路交通标志、标线。其他单位和个人不得设置、占用、撤销道路停车泊位。

第三十条　开辟和调整公共汽车、电车和长途汽车、旅游汽车路线或者车站，应当符合交通规划和安全、畅通、方便出行的要求。交通等主管部门在批准前，应当征得公安机关交通管理部门同意。

在道路上堆物、施工作业以及开辟通道，设置台阶、门坡、广告等影响道路交通安全、畅通的占用道路行为，应当征得公安机关交通管理部门的同意。

第三十一条　经批准占用道路施工作业的，施工单位应当提前向社会公示，并遵守下列规定：

（一）在批准的路段和时间内进行；

（二）在作业区周围设置围挡，夜间在围挡设施上设置并开启照明设备，设置交通标志、交通设施及施划交通标线的作业除外；

（三）在距来车方向不少于 50 米的地点设置施工标志或者注意危险警告标志，夜间在距来车方向不少于 100 米的地点设置反光的施工标志或者注意危险警告标志；

（四）施工作业人员按照规定穿戴反光服饰，横穿车行道时，直行通过，注意避让来往车辆；

（五）施工作业完毕，应当修复损毁路面，并清除现场遗留物。

第三十二条　在道路上进行维修、养护等作业的机动车及作业人员，应当遵守下列规定：

（一）作业时间避开交通流量高峰期；

（二）车辆开启黄色标志灯和危险报警闪光灯，按顺行方向行进；

（三）在车行道停车作业时，在作业现场划出作业区，并设置围挡；白天在作业区来车方向不少于 50 米、夜间在不少于 100 米的地点设置反光的施工标志或者注意危险警告标志；

（四）作业人员按照规定穿戴反光服饰，横穿车行道时，直行通过，注意避让来往车辆。

第三十三条　作业车辆应当按照下列规定使用箭头指示标志灯：

（一）占用左侧车道作业时，开启右箭头指示标志灯，指引后方车辆向右变更车道；

（二）占用右侧车道作业时，开启左箭头指示标志灯，指引后方车辆向左变更车道；

（三）占用中间车道作业时，开启左右双箭头指示标志灯，指引后方车辆向左右两侧变更车道。

第四章　道路通行规定

第一节　一般规定

第三十四条　车辆、行人应当各行其道，并遵守下列规定：

（一）在同方向画有两条以上机动车道的道路上，货运汽车、摩托车、拖拉机、低速载货汽车、三轮汽车、轮式自行机械，在慢速车道行驶；大客车不得在快速车道行驶，但超越前方车辆时除外；

（二）在设有主路、辅路的道路上，拖拉机、低速载货汽车、三轮汽车、轮式自行机械和摩托车，只准在辅路行驶；

（三）实习期内的驾驶人驾驶机动车，不得在快速车道行驶；

（四）行人遇人行道有障碍无法正常通行而借用车行道通行时，车辆应当避让借道通行的行人。

第三十五条　车辆变更车道不得影响其他车辆、行人的正常通行，并应当遵守下列规定：

（一）让所借车道内行驶的车辆或者行人先行；

（二）按顺序依次行驶，不得频繁变更机动车道；

（三）不得一次连续变更二条以上机动车道；

（四）左右两侧车道的车辆向同一车道变更时，左侧车道的车辆让右侧车道的车辆先行。

第三十六条 在道路划设的公交专用车道内，在规定的时间内只准公共汽车、电车通行，其他车辆不得进入该车道行驶；遇交通管制等特殊情况时，按照交通警察指挥或者交通标志指示，可以借用公交专用车道行驶。

在划设公交专用车道的道路上，在规定的时间内，公共汽车、电车应当在公交专用车道内顺序行驶。在未划设公交专用车道的道路上，公共汽车、电车不得在快速车道内行驶。超越前方车辆时，只准借用相邻的一条机动车道，超越前方车辆后应当立即驶回原车道。

第三十七条 出租汽车上下站、出租汽车停靠站为出租汽车专用停车地点，其他车辆不得占用。

在设置出租汽车上下站的地点，出租汽车可以临时停车上下乘客，上下乘客后应当立即驶离。

在设置出租汽车停靠站的地点，出租汽车可以临时停车上下乘客或者顺序排队等候。

第三十八条 遇有重大国事、外事活动，公安机关交通管理部门可以采取临时交通管制措施。举办大型群众性活动，需要公安机关交通管理部门采取交通管制措施的，公安机关交通管理部门应当在采取管制措施 3 日前向社会公告。

第二节 机动车通行规定

第三十九条 机动车上道路行驶不得超过限速标志、标线标明的速度；同方向划有二条以上机动车道的道路，没有限速标志、标线的，城市道路最高时速为 70 公里，封闭的机动车专用道路和公路最高时速为 80 公里。

低速载货汽车、三轮汽车、拖拉机、电瓶车、轮式专用机械车、正三轮摩托车、轻便摩托车在道路上行驶时最高时速为 30 公里。

附载作业人员的货运汽车、全挂拖斗车、运载危险化学品的货运汽车、二轮摩托车、侧三轮摩托车和铰接式客车、电车在城市道路上行驶时最高时速为 50 公里，在封闭的机动车专用道路和公路上行驶时最高时速为 60 公里。

第四十条 机动车在道路空闲、视线良好且不违反道路交通安全法律、法规规定的情况下，应当快速接续行驶，不得妨碍后车通行。

第四十一条　机动车在夜间路灯开启期间，应当开启前照灯、示廓灯和后位灯。

机动车转弯、变更车道、超车、掉头、靠路边停车时，应当提前100米至50米开启转向灯。

第四十二条　机动车可以在有掉头标志、标线或者未设置禁止左转弯、禁止掉头标志、标线的路口、路段掉头。掉头时应当提前进入导向车道或者在距掉头地点150米至50米处驶入最左侧车道，并不得妨碍行人和其他车辆正常通行。

第四十三条　机动车通过环形路口，应当按照导向箭头所示方向行驶。进环形路口的机动车应当让已在路口内环行或者出环行路口的机动车先行。

机动车通过有交通信号灯控制的交叉路口，遇放行信号时，应当让先于本放行信号放行的车辆先行。

第四十四条　机动车进出或者穿越道路的，应当让在道路上正常行驶的车辆、行人先行。在设有主路、辅路的道路上，进主路的机动车应当让在主路上行驶的和出主路的机动车先行，辅路上行驶的机动车应当让出主路的机动车先行。

第四十五条　机动车遇有前方车辆停车排队等候或者行驶缓慢时，应当停车等候或者依次行驶，不得进入非机动车道、人行道行驶，不得鸣喇叭催促车辆、行人。

第四十六条　机动车在行驶中不得使用危险报警闪光灯，但道路交通安全法律、法规规定的牵引与被牵引的机动车、道路作业车辆、警车护卫的车队以及低能见度气象条件下行驶的机动车除外。

第四十七条　机动车在行驶中发生故障、事故的，应当按照规定立即开启危险报警闪光灯，设置警告标志；除抢救伤员、灭火等紧急情况外，驾驶人、乘车人应当迅速离开车辆和车行道。

第四十八条　牵引机动车应当遵守下列规定：

（一）牵引车与被牵引车均应当由取得机动车驾驶证一年以上的驾驶人驾驶；

（二）夜间使用软连接牵引时，牵引装置上设置反光标识物；

（三）道路设有两条以上机动车道的，在慢速车道内行驶；

（四）道路设有主路、辅路的，在辅路上行驶；

（五）全挂拖斗车、运载危险化学品的车辆不得牵引车辆；

（六）不得牵引轮式专用机械车及其他轮式机械。

第四十九条　机动车停放应当遵守下列规定：

（一）在停车场或者交通标志、标线规定的道路停车泊位内停放；

（二）在道路停车泊位内，按顺行方向停放，车身不得超出停车泊位；

（三）借道进出停车场或者道路停车泊位的，不得妨碍其他车辆或者行人正常通行。

第五十条　机动车在道路上临时停车时，应当遵守下列规定：

（一）按顺行方向，车身右侧紧靠道路边缘，不得超过30厘米，同时开启危险报警闪光灯；

（二）夜间或者遇风、雨、雪、雾等低能见度气象条件时，开启示廓灯、后位灯、雾灯。

第五十一条　公共汽车、电车驶入停靠站应当遵守下列规定：

（一）在停靠站一侧单排靠边停车；

（二）不得在停靠站以外的地点停车上下乘客；

（三）不得在停靠站内待客、揽客。

第五十二条　机动车试车应当遵守下列规定：

（一）按照规定悬挂公安机关交通管理部门核发的试车号牌；

（二）由取得机动车驾驶证一年以上的驾驶人驾驶；

（三）按照公安机关交通管理部门规定的时间、路线进行；

（四）不得搭乘与试车无关的人员；

（五）不得在道路上进行制动测试。

第五十三条　警车、消防车、救护车、工程救险车在执行紧急任务时，可以在应急车道内行驶，其他机动车不得在应急车道内行驶。

机动车发生交通事故或者故障确需在应急车道内临时停车时，应当按照规定使用灯光、设置故障车警告标志；车身超出应急车道占用车行道的，应当将故障车警告标志设在被占用的车行道内。

第三节　非机动车、行人和乘车人通行规定

第五十四条　非机动车通过有交通信号灯控制的交叉路口时，应当遵守下列规定：

（一）遇放行信号时，让先于本放行信号放行的车辆先行；

（二）左转弯时，沿非机动车禁驶区边缘或者路口中心右侧转弯；

（三）不得在非机动车禁驶区内行驶或者停车；

（四）未被交通信号放行的非机动车不得进入路口。

第五十五条　驾驶非机动车应当遵守下列规定：

（一）在非机动车道内顺向行驶。在没有划设非机动车道的道路上，自行车、电动自行车应当在距离道路右侧边缘线向左1.5米的范围内行驶，人力三轮车、残疾人机动轮椅车应当在距离道路右侧边缘线向左2.2米的范围内行驶，畜力车应当在距离道路右侧边缘线向左2.6米

的范围内行驶；

（二）不得进入高速公路、城市快速路或者其他封闭的机动车专用道；

（三）与相邻行驶的非机动车保持安全距离；在与行人混行的道路上避让行人；

（四）行经人行横道时避让行人；

（五）不得在车行道上停车滞留；

（六）设有转向灯的，转弯前开启转向灯；

（七）自行车、电动自行车、人力三轮车制动器失效的，不得在道路上骑行；

（八）成年人驾驶自行车可以在固定座椅内载一名儿童，但不得载 12 岁以上的人员；未成年人驾驶自行车不得载人；

（九）人力客运三轮车按照核定的人数载人，人力货运三轮车不得载人；

（十）自行车、电动自行车、三轮车不得在人行道和人行横道上骑行。

第五十六条　驾驶残疾人机动轮椅车应当遵守下列规定：

（一）携带公安机关交通管理部门核发的残疾人机动轮椅车行驶证；

（二）可以载一名陪护人员，但不得从事营运。

第五十七条　行人和乘车人应当遵守下列规定：

（一）行人应当在人行道上行走，没有人行道的，应当在距离道路右侧边缘线向左 1 米的范围内行走；

（二）行人不得进入高速公路、城市快速路或者其他封闭的机动车专用道；

（三）行人不得在车行道上行走或者兜售、发送物品；

（四）不得在车行道上等候车辆或者招呼营运车辆；

（五）遇有交通信号放行机动车时，未被放行的行人不得进入路口；

（六）乘坐公共汽车、电车和长途汽车，在停靠站或者指定地点依次候车，待车停稳后，先下后上；

（七）乘坐机动车不得影响驾驶人安全驾驶；

（八）明知驾驶人无驾驶证、饮酒或者身体疲劳不宜驾驶的，不得乘坐；

（九）乘坐货运机动车时，不得站立或者坐在车厢栏板上；

（十）乘坐二轮摩托车时，只准在后座正向骑坐；

（十一）不得搭乘电动自行车、人力货运三轮车、轻便摩托车；不得违反规定搭乘自行车、残疾人机动轮椅车。

第四节　高速公路的特别规定

第五十八条　机动车需要上高速公路行驶的，驾驶人应当事先检查车辆的轮胎、燃料、润滑油、制动器、灯光、灭火器具、反光的故障车警告标志等，并保证齐全有效。

第五十九条　高速公路救援车、清障车应当按照标准安装示警灯，喷涂明显的标志图案。执行救援、清障任务时，应当开启示警灯和危险报警闪光灯。

第六十条　在高速公路上进行施工、维修、养护等作业的单位，除日常维修、养护外，应当在批准的时间、地点、范围内进行，并遵守下列规定：

（一）在距离作业地点来车方向的 1000 米、500 米、300 米、100 米处分别设置明显的警告标志牌，夜间设置红色示警灯（筒）；

（二）作业人员按照规定穿戴反光服饰，横穿车行道时，直行通过，注意避让来往车辆。

第六十一条　遇自然灾害、恶劣气象条件以及施工或者发生交通事故等严重影响交通安全的情形时，高速公路管理机构和公安机关交通管理部门应当及时相互通报情况；公安机关交通管理部门可以采取限制车速、调换车道、暂时中断通行、关闭高速公路等交通管制措施。采取交通管制措施时，应当设置交通标志或者发布公告。

第六十二条　高速公路管理机构应当保证高速公路安全防护设施的齐全有效，及时清理发生故障的车辆和其他障碍，劝阻禁限车辆、行人从收费站或者服务区进入高速公路。

第六十三条　高速公路上的交通事故现场，在公安机关交通管理部门勘查工作完毕后，由高速公路管理机构及时进行清理。清理时应当按照道路施工作业的规定实行安全控制。

第五章　交通事故处理

第六十四条　公安机关交通管理部门接到特别重大事故、特大事故或者危险化学品、放射性危险物品运输事故报警时，应当立即采取应急措施，并向市或者区、县人民政府报告。市或者区、县人民政府应当及时组织、协调事故处理。

第六十五条　对当事人依法可以自行协商解决或者交通警察可以当场处理的交通事故，公安机关交通管理部门应当制定具体范围标准，并向社会公布。

第六十六条　现场勘查完毕后，当事人应当在公安机关交通管理部门的组织下，按照要求及时将车辆移至不妨碍交通的地方，并清理现场。

在当事人拒不服从、无力实施或者遇有影响公众利益的紧急情况下，公安机关交通管理部门可以指定单位代为当事人将车辆移至不妨碍交通的地方，并清理现场，所需费用由当事人承担。当事人应当接收、保管从现场清理的物品。

故障车的清理适用本条第二款的规定。

第六十七条　公安机关交通管理部门根据检验、鉴定的需要，可以收集交通事故车辆、嫌疑车辆、机动车驾驶证、机动车行驶证以及其他与交通事故有关的证据，并妥善保管，检验、鉴定后应当立即发还。

第六十八条　公安机关交通管理部门经过调查后，应当根据当事人的行为对发生交通事故所起的作用以及过错的严重程度，确定当事人的责任。当事人有过错的，应当确定当事人有责任；当事人没有过错的，应当确定当事人无责任。

交通事故当事人的责任分为：全部责任、主要责任、同等责任、次要责任、无责任：

（一）一方当事人有过错，其他当事人无过错的，有过错的为全部责任，无过错的为无责任；

（二）两方以上的当事人均有过错的，作用以及过错大的为主要责任，作用以及过错相当的为同等责任，作用以及过错小的为次要责任；

（三）无法确定各方当事人有过错或者属于交通意外事故的，各方均为无责任；

（四）当事人逃逸，造成现场变动、证据灭失，公安机关交通管理部门无法查证交通事故事实的，逃逸的当事人为全部责任；当事人故意破坏、伪造现场、毁灭证据的，为全部责任；

（五）一方当事人故意造成交通事故的，其他方为无责任。

交通事故当事人的责任具体确定标准由市公安机关交通管理部门制定，并向社会公布。

第六十九条　本市依法对机动车实行第三者责任强制保险制度，设立道路交通事故社会救助基金。

机动车发生交通事故造成人身伤亡、财产损失的，肇事车辆参加机动车第三者责任强制保险的，由保险公司在机动车第三者责任强制保险责任限额范围内先行赔偿；肇事车辆未参加机动车第三者责任强制保险的，由肇事车辆按照相当于第三者责任强制保险的责任限额先行赔偿。

第七十条　机动车之间发生交通事故造成人身伤亡、财产损失的，超过第三者责任强制保险责任限额部分，由有过错的一方承担赔偿责任；双方都有过错的，按照各自过错的比例承担赔偿责任；无法确定双方当事人过错的，平均分担赔偿责任。

第七十一条　非机动车之间、非机动车与行人之间发生交通事故造成人身伤亡、财产损失的，由有过错的一方承担赔偿责任；双方都有过错的，按照各自过错的比例承担赔偿责任；无法确定双方当事人过错的，平均分担赔偿责任。

第七十二条　机动车与非机动车、行人之间发生交通事故造成人身伤亡、财产损失的，由保险公司在机动车第三者责任强制保险责任限额范围内先行赔偿。超过责任限额的部分，由机动车一方承担赔偿责任；但是，有证据证明非机动车驾驶人、行人违反道路交通安全法律、法规，机动车驾驶人在驾驶中履行了交通安全注意义务并已经采取了适当的避免交通事故的处置措施，机动车一方无过错的，按照国家规定的最低比例、额度承担赔偿责任。机动车一方有过错的，按照过错程度承担赔偿责任。

机动车与非机动车、行人之间发生的交通事故的损失是由非机动车驾驶人、行人故意造成的，机动车一方不承担赔偿责任；机动车第三者责任强制保险已先行赔付的，保险公司有权予以追偿。

第七十三条　机动车发生道路交通事故造成人身伤亡、财产损失，当事人有条件报案、保护现场但没有依法报案、保护现场，致使事故基本事实无法查清的，由保险公司在机动车第三者责任强制保险责任限额范围内先行赔偿。超出责任限额的部分，按照下列规定承担赔偿责任：

（一）机动车之间发生交通事故，一方当事人有上述行为的，承担全部赔偿责任；两方或者两方以上当事人均有上述行为的，平均分担赔偿责任；

（二）机动车与非机动车、行人发生交通事故，机动车一方有上述行为，又没有证据证明非机动车、行人有交通安全违法行为以及机动车驾驶人已经采取必要处置措施的，由机动车一方承担赔偿责任。

非机动车与非机动车、非机动车与行人发生交通事故，一方当事人有条件报案、保护现场但没有依法报案、保护现场，致使事故基本事实无法查清的，承担全部赔偿责任；两方或者两方以上当事人均有前述行为的，平均分担赔偿责任。

第七十四条　当事人共同请求公安机关交通管理部门对损害赔偿进行调解的，应当提出书面申请。申请书应当载明具体的赔偿请求、理由，并提供相应的凭证。

公安机关交通管理部门应当在收到当事人的调解申请书之日起，5个工作日内进行审查并做出决定。符合条件的予以受理；不符合条件的不予受理，并书面告知申请人。

第六章　事故预防与执法监督

第七十五条　本市各级人民政府应当本着预防与减少交通事故，保证道路交通安全、畅通的原则，组织制定应对自然灾害、恶劣气象条件以及其他影响道路交通安全的突发事件的应急预案。公安、交通、卫生、市政以及其他有关部门，应当根据应急预案制定本部门的具体实施方案。

遇有应急预案所规定的情形发生时，各有关部门应当立即启动应急预案，相互密切配合，并注意信息的沟通、反馈。

第七十六条 本市建立道路交通安全防范责任制度。单位应当遵守下列规定：

（一）建立对本单位所属机动车的使用、保养、维修、检查制度，保持车辆符合国家安全技术标准；

（二）教育本单位人员遵守道路交通安全法律、法规，建立对本单位专职机动车驾驶人的道路交通安全教育培训、考核制度；

（三）专业运输单位录用驾驶人员驾驶机动车的，应当对驾驶人员进行资质审查和专门的道路交通安全培训考核，建立档案，并向当地公安机关交通管理部门登记备案；

（四）专业运输单位由其法定代表人负责交通安全工作，设置交通安全工作机构，并配备交通安全专职人员；

（五）接受所在地人民政府和公安机关交通管理部门的监督、检查，实现交通安全目标。

第七十七条 道路交通安全防范责任制度由本市各级人民政府组织实施。各级人民政府的交通安全委员会，在本级人民政府领导下，负责协调本行政区域内的道路交通安全工作。

市和区、县人民政府各部门应当按照隶属关系督促本系统各单位执行道路交通安全防范责任制度。

中央在京机关及驻京军事机关的交通安全主管部门，负责督促本系统各单位执行道路交通安全防范责任制度。

本市各级公安机关交通管理部门在同级人民政府的领导下，定期监督检查道路交通安全防范责任制度的落实情况，执行道路交通安全防范责任制度的奖励和处罚。

第七十八条 公安机关交通管理部门应当加强对交通警察的管理，提高交通警察的素质和道路交通管理水平。

公安机关交通管理部门应当加强对营运车辆安全技术状况的检测。

公安机关交通管理部门及其交通警察应当依法履行职责，接受行政监察机关、社会和公民的监督。

市和区、县人民政府组建的道路交通安全协管员队伍，协助交通警察维护道路交通秩序，劝阻、告知道路交通安全违法行为。

第七章 法律责任

第七十九条 违反道路交通安全法律、行政法规和本办法规定的行为，依照《中华人民共和国道路交通安全法》、《中华人民共和国道路交通安全法实施条例》和本办法以及其他有关法律、法规的规定处罚。

第八十条 公安机关交通管理部门及其交通警察对道路交通安全违法行为，应当及时纠正并依法予以处罚。对情节轻微，未影响道路通行的，指出违法行为，给予口头警告后放行。

第八十一条 行人有下列行为之一的，处10元罚款：

（一）违反交通信号、未走人行道或者未按照规定靠路边行走的；

（二）通过路口或者横过道路，未走人行横道或者过街设施的；

（三）在道路上使用滑板、旱冰鞋等滑行工具的；

（四）在车行道内坐卧、停留、嬉闹的；

（五）在道路上有追车、抛物击车等妨碍道路交通安全的行为的；

（六）在机动车道上拦乘机动车的；

（七）跨越、倚坐道路隔离设施、扒车、强行拦车或者实施妨碍道路交通安全的其他行为的；

（八）通过铁路道口未按照管理人员指挥通行的；

（九）在车行道内行走或者兜售、发送物品的；

（十）未被交通信号放行的行人进入路口的。

第八十二条 乘车人有下列行为之一的，处10元罚款：

（一）违反规定在机动车道上从机动车左侧上下车的；

（二）开关车门时妨碍其他车辆和行人通行的；

（三）在机动车行驶中将身体任何部分伸出车外、跳车的；

（四）乘坐二轮摩托车未在后座正向骑坐的；

（五）乘坐货运机动车时，站立或者坐在车厢栏板上的；

（六）违反规定搭乘自行车、电动自行车、人力货运三轮车、残疾人机动轮椅车和轻便摩托车的。

第八十三条 行人、乘车人有下列行为之一的，处20元罚款：

（一）行人违反限制通行规定的；

（二）乘车人向车外抛撒物品的；

（三）乘车人影响驾驶人安全驾驶的；

（四）乘车人未按照规定使用安全带的。

第八十四条 未满16周岁在道路上驾驭畜力车、驾驶电动自行车和残疾人机动轮椅车的，予以警告或者处10元罚款。

第八十五条　驾驶非机动车有下列行为之一的，处20元罚款：

（一）违反交通信号通行的；

（二）违反限制通行规定的；

（三）在非机动车道内逆向行驶或者违反规定在机动车道上行驶、停车滞留的；

（四）违反路口通行规定的；

（五）在人行道、人行横道上骑行的；

（六）未按照规定横过机动车道的；

（七）行经人行横道未避让行人的；

（八）突然猛拐或者在其他车辆之间穿行的；

（九）扶身并行、互相追逐或者曲折竞驶的；

（十）牵引、攀扶车辆或者被其他车辆牵引，双手离把或者手中持物的；

（十一）未被交通信号放行的非机动车进入路口的；

（十二）制动器失效在道路上骑行的。

第八十六条　驾驶非机动车有下列行为之一的，处20元罚款：

（一）未依法登记上路行驶的；

（二）违反载物规定的；

（三）违反载人规定的；

（四）独轮自行车、两人以上骑行的自行车上道路行驶的；

（五）在道路上学习驾驶的；

（六）驾驶残疾人机动轮椅车未携带行驶证的；

（七）未按照规定地点停放的。

第八十七条　驾驭畜力车有下列行为之一的，处20元罚款：

（一）违反限制通行规定的；

（二）未按照规定下车牵引牲畜的；

（三）未按照规定超车的；

（四）并行或者驾驭人离开车辆的；

（五）使用未驯服牲畜驾车、随车幼畜未拴系的；

（六）停放车辆时未拉紧车闸、拴系牲畜的。

第八十八条　非机动车驾驶人、行人和乘车人有下列行为之一的，处50元罚款：

（一）非机动车、行人进入高速公路、城市快速路或者其他封闭的机动车专用道的；

（二）醉酒驾驶非机动车的；

（三）驾驶残疾人机动轮椅车、电动自行车最高时速超过 15 公里的；

（四）非下肢残疾的人驾驶残疾人机动轮椅车的；

（五）乘坐摩托车未按照规定佩戴安全头盔的；

（六）乘车人携带易燃易爆危险品的；

（七）明知驾驶人无驾驶证、饮酒或者身体疲劳不宜驾驶机动车而乘坐的；

（八）自行车、三轮车加装动力装置的。

对自行车、三轮车加装动力装置的，除给予罚款处罚外，责令拆除加装的动力装置并予以收缴。

第八十九条　驾驶机动车有下列情形之一的，处 50 元罚款：

（一）未按照规定使用安全带的；

（二）驾驶摩托车未按照规定佩戴安全头盔的；

（三）车门、车厢未关好时行车的；

（四）未配备有效的灭火器具、反光的故障车警告标志的；

（五）进出停车场或者道路停车泊位妨碍其他车辆或者行人正常通行的。

第九十条　驾驶机动车有下列情形之一的，处 100 元罚款：

（一）未携带行驶证、驾驶证、驾驶人信息卡的；

（二）驾驶证丢失、损毁期间驾驶机动车的；

（三）驾驶摩托车时手离车把或者在车把上悬挂物品的；

（四）在机动车驾驶室的前后窗范围内悬挂、放置或者粘贴、喷涂妨碍安全驾驶的物品或者文字、图案的；

（五）公路营运客车、重型货车、半挂牵引车未按照规定安装或者使用行驶记录仪的；

（六）未按照规定粘贴或者悬挂实习标志的；

（七）道路施工养护、环卫清扫、设施维修及绿化等专业作业车辆不符合国家和本市的道路作业车辆安全标准的。

第九十一条　驾驶机动车有下列情形之一的，处 100 元罚款：

（一）在没有划分中心线和机动车、非机动车分道线的道路上，未按照规定行驶的；

（二）违反分道行驶规定的；

（三）未按照交通标志、标线指示或者交通警察指挥行驶的；

（四）违反限制通行规定的；

（五）未按照规定与前车保持安全距离的；

（六）违反倒车规定的；

（七）违反牵引挂车规定的；

（八）违反交替通行规定的；

（九）违反试车规定的；

（十）违反灯光使用规定的；

（十一）违反危险报警闪光灯使用规定的；

（十二）违反故障机动车牵引规定的；

（十三）向道路上抛撒物品的；

（十四）违反规定使用喇叭的；

（十五）机动车发生故障，未按照规定报警的。

第九十二条　驾驶机动车有下列情形之一的，处 100 元罚款：

（一）行经交叉路口、环形路口、道路出入口或者进出、穿越道路未按照规定行车、停车或者让行的；

（二）通过无交通信号控制路口未减速让行的；

（三）通过无交通信号或者无管理人员的铁路道口未减速或者停车确认安全的；

（四）行经无交通信号的道路，遇行人横过道路未按照规定避让的。

第九十三条　机动车载人、载物有下列情形之一的，处 100 元罚款：

（一）非公路客运车辆载人超过核定人数未达到 20% 的；

（二）驾驶摩托车违反规定载人的；

（三）驾驶拖拉机违反规定载人的；

（四）载客汽车违反规定载货的；

（五）违反规定标准载物的；

（六）运载超限的不可解体物品，未按照公安机关交通管理部门的规定行驶的。

第九十四条　驾驶机动车有下列情形之一的，处 200 元罚款：

（一）驾驶安全设施不齐全的车辆上道路行驶的；

（二）驾驶机件不符合机动车国家安全技术标准的机动车上道路行驶的；

（三）服用国家管制的精神药品或者麻醉药品后驾驶机动车的；

（四）患有妨碍安全驾驶机动车的疾病仍驾驶机动车的；

（五）使用他人机动车驾驶证、驾驶人信息卡的。

第九十五条　驾驶机动车有下列情形之一的，处 200 元罚款：

（一）未悬挂机动车号牌或者未取得机动车移动证明、未按照移动证明载明的有效期限、行驶区域行驶的；

（二）未按照规定安装号牌的；

（三）故意遮挡或者污损机动车号牌的；

（四）机动车号牌不清晰或者不完整的；

（五）改变车身颜色、更换发动机、更换车身或者车架，未办理变更登记的；

（六）货运机动车及其挂车的车身或者车厢后未喷涂放大的牌号、放大的牌号不清晰的；

（七）大、中型客运机动车未按照规定喷涂准乘人数或者经营单位名称的；

（八）驾驶未按照规定期限进行安全技术检验或者未放置有效的检验合格标志、保险标志、环保合格标志的；

（九）机动车喷涂、粘贴标识或者车身广告影响安全驾驶的；

（十）总质量在 3.5 吨以上的货运汽车、挂车，未按照规定安装侧、后防护装置的。

第九十六条　驾驶机动车有下列情形之一的，处 200 元罚款：

（一）逆向行驶的；

（二）违反规定在专用车道内行驶的；

（三）在划设公交专用车道的道路上，公共汽车、电车违反规定在其他车道内通行的；

（四）违反交通信号灯指示的；

（五）违反规定超车的；

（六）违反规定变更车道的；

（七）违反规定会车的；

（八）违反规定掉头的；

（九）变更车道影响本车道内机动车正常行驶的；

（十）行经人行横道遇行人通过时，未停车让行的；

（十一）超过规定时速 50% 以下的；

（十二）非公路客运车辆载人超过核定人数达到 20% 以上的；

（十三）货运机动车违反规定附载作业人员的；

（十四）运载危险化学品未按照规定行驶的；

（十五）通过铁路道口，违反交通信号或者管理人员指挥的；

（十六）载运超限物品行经铁路道口，未按照当地铁路部门指定的铁路道口、时间通过的；

（十七）遇有执行紧急任务的警车、消防车、救护车、工程救险车未按照规定让行的。

第九十七条　驾驶机动车有下列情形之一的，处 200 元罚款：

（一）拨打、接听电话、观看电视的；

（二）下陡坡时熄火或者空挡滑行的；

（三）连续驾驶超过 4 个小时，未停车休息或者停车休息时间少于 20 分钟的；

（四）警车、消防车、救护车、工程救险车违反规定使用警报器、标志灯具的；

（五）违反规定在应急车道内行驶或者停车的。

第九十八条　遇前方道路受阻或者前方车辆排队等候、缓慢行驶时，驾驶机动车有下列情形之一的，处 200 元罚款：

（一）违反规定进入路口的；

（二）违反规定在人行横道或者网状线区域内停车等候的；

（三）借道超车的；

（四）占用对面车道的；

（五）穿插等候车辆的；

（六）进入非机动车道、人行道行驶的。

第九十九条　驾驶机动车有下列情形之一的，处 200 元罚款：

（一）违反规定停放车辆的；

（二）违反规定临时停车的；

（三）出租汽车违反规定停车上下乘客的；

（四）出租汽车违反规定在道路上停车待客、揽客的；

（五）公共汽车、电车违反驶入停靠站规定的。

第一百条　驾驶机动车发生故障或者事故，有下列情形之一的，处 200 元罚款：

（一）未按照规定开启危险报警闪光灯的；

（二）未按照规定设置警告标志的；

（三）夜间未开启示廓灯和后位灯的；

（四）发生交通事故后，未按照规定撤离现场，造成交通堵塞的；

（五）机动车发生故障后尚能移动，未移至不妨碍交通地点的。

第一百零一条　学习驾驶或者实习期间驾驶机动车，有下列行为之一的，处200元罚款：

（一）未按照指定路线、时间学习驾驶或者教练车乘坐无关人员的；

（二）在实习期间内驾驶禁止驾驶的机动车的；

（三）在实习期间内驾驶机动车在快速车道内行驶的。

第一百零二条　机动车在高速公路、城市快速路行驶，有下列行为之一的，处200元罚款：

（一）驾驶禁止驶入高速公路的机动车驶入高速公路的；

（二）非救援车、清障车在高速公路上拖曳、牵引机动车的；

（三）救援车、清障车执行救援、清障任务时，未开启示警灯和危险报警闪光灯的；

（四）行驶速度低于规定的最低时速的；

（五）未按照规定保持行车间距的；

（六）低能见度气象条件下未按照规定行驶的；

（七）倒车、逆行、穿越中央分隔带掉头或者在车行道内停车的；

（八）在匝道、加速车道或者减速车道上超车的；

（九）骑、轧车行道分界线或者在路肩上行驶的；

（十）试车或者学习驾驶机动车的；

（十一）货运机动车车厢内载人的；

（十二）二轮摩托车载人的。

第一百零三条　违反本办法第二十九条规定的，由公安机关交通管理部门责令停止违法行为，恢复原状。

第一百零四条　违反本办法第三十一条、第三十二条、第六十条规定的，由公安机关交通管理部门责令施工作业单位立即改正，消除道路交通安全隐患；不能立即消除隐患的，责令停止作业。

第一百零五条　违反本办法第七十六条规定，未履行道路交通安全防范责任制度的，由公安机关交通管理部门责令限期改正；逾期不改正的，禁止其机动车上道路行驶。

第一百零六条　对依法应当给予罚款处罚的机动车驾驶人，由交通警察将其交通违法信息录入驾驶人信息卡，并出具行政处罚决定书。机动车驾驶人应当在收到行政处罚决定书之日起15日内，持驾驶人信息卡、处罚决定书到公安机关交通管理部门指定的银行缴纳罚款；当事人也可以自愿采取银行信用卡划拨的方式缴纳罚款。

第一百零七条　公安机关交通管理部门对交通技术监控记录资料确认的交通违法行为，应当向社会公示，公众有权查阅。

公安机关交通管理部门及其交通警察发现机动车有未处理的违法行为记录的，应当通过信函或者手机短信、电子邮件等方式通知机动车所有人或者驾驶人，机动车所有人或者驾驶人应当按照告知的时间、地点接受处理。

第八章　附则

第一百零八条　本办法自 2005 年 1 月 1 日起施行。